183

PRZEPISY

SIOSTRY ANASTAZJI

Stwórca
każąc człowiekowi jeść,
aby mógł żyć,
za zachętę dał mu apetyt,
a za nagrodę przyjemność...

s. Anastazja
Pustelnik FDC

183 PRZEPISY
SIOSTRY ANASTAZJI

Wydawnictwo WAM

Wstęp:
ks. Stanisław Groń SJ

Projekt okładki, opracowanie graficzne
zdjęcia i skład:
Andrzej Sochacki

ISBN 83-7318-620-4

Dodruk 2006

Wydawnictwo WAM
ul. Kopernika 26, 31-501 Kraków
tel. (012) 629 32 00, fax (012) 429 50 03
e-mail: wam@wydawnictwowam.pl

ZAMÓWIENIA:
Dział handlowy: tel. (012) 629 32 60
tel. (012) 629 32 54 – 56
fax (012) 430 32 10
e-mail: handel@wydawnictwowam.pl

Zapraszamy do naszej
KSIĘGARNI INTERNETOWEJ:
http://WydawnictwoWam.pl

WSTĘP

„Kto je, je ze względu na Pana i Bogu składa dzięki, a kto nie je, nie je ze względu na Pana i Bogu składa dzięki" (Rz 14,6). Stąd też właściwe spożywanie pokarmu jest dziękczynieniem, a kto zawsze dziękuje, ten nie da się zawłaszczyć przyjemnościom.

Klemens Aleksandryjski
(ok. 150 – ok. 215)

Wiele czynności, które wykonujemy w życiu, daje nam satysfakcję i sprawia przyjemność. Szczególnie jest nam miło, gdy ktoś potrafi docenić pomysłowość, trud i serce włożone w dzieło naszej pracy. Przygotowanie posiłku, sporządzenie go i podanie do stołu dla wielu jest taką czynnością, która potrafi uradować zarówno samego trudzącego się, jak i biesiadników zasiadających przy suto zastawionym stole.

Wspólnota stołu to wyjątkowa i szczególna bliskość osób, bowiem ten, jakże rodzinny, kontekst przebywania razem – w czasie, gdy syci się ciało i duch się buduje – jednoczy zebranych i zobowiązuje.

Modlitwa przed i po posiłku, błogosławieństwo potraw, znak krzyża czyniony nad chlebem uświadamiają nam, że jedzenie to nie tylko czynność podtrzymująca życie, ale i dobra okazja do dziękczynienia Bogu i do wzajemnego służenia sobie.

Korzystanie z darów ziemi, wody i przestworzy jest przeżyciem wyjątkowym. A cóż dopiero mówić o smakowaniu tych wspaniałych darów Bożych, gdy zostaną przygotowane w domowej kuchni, by pieścić nasze podniebienie. Wiele z tych darów trzeba starannie dobrać, zadbać o ich właściwą jakość, a wszystko po to, aby ostateczna kompozycja była wyśmienita.

Niewątpliwie talent kulinarny w kuchni jest potrzebny, aby z darów, które Stwórca nam daje, czynić wykwintne dania. Jest on tak potrzebny, jak konieczne są dobry smak i kreatywność u cukiernika i piekarza. Choć nie każdy tym talentem dysponuje, to jednak wielu w kuchni nieźle sobie radzi, korzystając z różnych pomocy, jak chociażby z tradycyjnych przepisów i kulinarnych książek. Nie wspomnę o odpowiednim wyposażeniu kuchni, bo to jest oczywiste i niemalże niezbędne do tworzenia dań. Od czasu, kiedy człowiek zaczął używać ognia, noża i garnka, wszystko powinien mieć w zasięgu ręki, by nie tylko się przy nim dymiło, ale aby smakowało. Znajomość kulinarnych technik jest potrzebna, podobnie jak konieczny jest dobór właściwych produktów gwarantujących zdrową kuchnię i wyśmienity smak dobrze przyrządzonych i estetycznie podanych dań.

Trzecia książka siostry Anastazji, którą wydaje Wydawnictwo WAM, pragnie nieść pomoc tym, którzy z zapałem podejmą trud kulinarnych wyzwań. Wszyscy, którzy chcą zgłębiać tajniki jej kuchni i uczyć się dobrze gotować oraz piec, korzystając z niniejszej książki, dokonali bardzo dobrego wyboru. Spośród wielu pozycji obecnych na rynku wydawniczym, trzy kulinarne podręczniki siostry Anastazji są wyjątkowe. Świadczą o tym zbierane pochwały i już ponad ćwierćmilionowa liczba sprzedanych egzemplarzy. Gratulacje należą się Wam – Drodzy Czytelnicy – ponieważ zaufaliście nie tylko tym prostym, sprawdzonym recepturom, ale również uwierzyliście w siebie i w swoje kulinarne możliwości. Wszystkie bowiem przepisy zawarte w tej książce dają gwarancję udanego, zdrowego i smacznego posiłku.

Dobrze wiemy, że dzielenie się z bliźnimi czymś, co ma się najlepszego, to wyraz miłości oraz oznaka kultury i wychowania. Wystarczy tylko zmrużyć oczy i pomyśleć, aby w wyobraźni zobaczyć, jak za pomocą tej wielonakładowej pozycji – skromnej zakonnicy – pojawia się na wielu polskich stołach mnogość dobrych dań, łatwych i prostych w przygotowaniu. Ile to wonnych zapachów ulotni się z naszych kuchni, dając wielu ludziom miłą okazję do poznania wyśmienitych potraw? Ileż danych zostanie słodkich całusów, wyrażających podziw i wdzięczność za podane do stołu posiłki krzepiące ciało i ducha? Ileż Bożej chwały róść będzie wraz z pieczonym ciastem, gdy dar Boży zaprawiony przez „kuchcików" zostanie doceniony, a włożone w pracę serce będzie zauważone w ciepłych słowach bliźniego?

Nasz Pan, kiedy wraz z uczniami zasiadał do stołu, a wokół gromadzili się ludzie, wykorzystywał taką okazję, aby przepowiadać im Ewangelię. Wiele razy On sam zaspokoił ludzki głód, karmiąc rzesze ludzi chlebem, rybą i wyśmienitym winem. On też pozostawił nam w Kościele, jako owoc spotkania z przyjaciółmi przy stole, największy dar – Świętą Ucztę Eucharystii, będącą zadatkiem na życie wieczne. Uczmy się służyć innym i podpatrujmy Pana, który na żarzących się węglach przygotował posiłek uczniom, gdy spostrzegł, że nie mają nic do jedzenia. Niebiański bankiet zaczyna się dla nas już tu, na ziemi, i dlatego należy dbać zarówno o te wyjątkowe, jak i zwyczajne spotkania przy stole, bo one świadczą o nas oraz ukazują, jak kochamy siebie i bliźnich. Nie żałujmy w kuchni tego, co Bóg stworzył, aby nam i bliźnim dobrze służyło.

Kiedyś, wchodząc do Królestwa Chwały spotkamy Tego, który nas zbawił i zachęcił, abyśmy byli solą ziemi i światłem dla świata. Pan zapewne poprosi nas do stołu, przy którym zasiądą nie tylko święci asceci, ale również wyśmienici kucharze, i wtedy pewnie zostanie podane wyborne, szlachetne i rozgrzewające wino miłości, wino stare jak świat.

Stół, kuchnia, kucharze, goście, domownicy, najrozmaitsze smaki i trud tworzenia, to warunki prawdziwej uczty, ale na razie tylko tej ziemskiej. O wieczność zadba bowiem Najlepszy z Gospodarzy! O doczesność naszych stołów zadbajmy sami tak, jakby nic nie zależało od Boga, a wszystko od nas. Święty Ignacy z Loyoli mówił o tym już w XVI wieku i przypominał, że wszystko jednak zależy od Boga. To ten Święty polecił kucharzowi przygotować dla rzymskiej wspólnoty jezuitów taki sam obiad, o jakim z fascynacją i nutą nostalgii opowiadał jeden z jezuitów, zaproszony na wystawne przyjęcie do kardynała. Wymagajmy od kucharzy i wymagajmy od siebie, ale nie tylko w kuchni!

Wszystkim korzystającym z książek siostry Anastazji życzę udanych dań, smacznych wypieków, błogosławieństwa Pana i opieki ewangelicznej Marty.

ks. Stanisław Groń SJ

Kraków, dnia 29 lipca 2005 roku,
we wspomnienie św. Marty,
patronki kucharek i kucharzy

10 PRZYDATNYCH RAD SIOSTRY ANASTAZJI

1. W zależności od rodzaju przyjęcia stół można przykryć obrusem białym lub kolorowym. Do obiadu stosuje się zwykle białe obrusy. Talerze rozmieszcza się w jednakowej odległości od brzegów i od sąsiedniego nakrycia. Sztućce można ułożyć według kolejności ich używania. Widelec układa się po lewej stronie, a po prawej pozostałe sztućce. Łyżki i widelce układa się tak, by były zwrócone wgłębieniem ku górze lub ku dołowi, noże ostrzem w kierunku talerza. Łyżeczkę deserową umieszcza się za talerzem równolegle do brzegu stołu, trzonkiem w prawą stronę. Kieliszki i szklanki na napoje ustawia się za nakryciem. Niezbędnym elementem nakrycia stołu są serwetki ułożone na różne sposoby.

2. Obiad rozpoczynamy zimnymi przekąskami.

3. Jeżeli podajemy gorącą przekąskę, to podajemy ją po zupie.

4. Zimne mięsa i wędliny podajemy na długim, owalnym lub prostokątnym półmisku. Plastry mięsa opiera się tak, aby każdy

zakrywał częściowo plaster położony uprzednio. Plastry wędliny można zwijać w rulony, rożki lub układać obok siebie. Należy pamiętać o estetycznym przybraniu półmisków, by tworzyły harmonijną całość.

5. Gotowe sałatki podajemy w salaterkach, niedużych głębszych półmiskach lub porcjujemy na liściach zielonej sałaty, w wydrążonych pomidorach czy jabłkach.

6. Kanapek nie należy przygotowywać zbyt wcześnie. Aby zapobiec wysychaniu przed podaniem – nakrywamy serwetką.

7. Podane zestawy obiadowe przygotowane są dla 6–7 osób.

8. Tłuszcz podany w przepisach można używać zamiennie według własnego uznania.

9. Sposób przyrządzania mięs jest do wyboru.

10. Ze względu na różne rodzaje piekarników nie we wszystkich przepisach podana jest temperatura i czas pieczenia.

W książce oznaczono przepisy według stopnia trudności:

bardzo łatwe

łatwe

trudniejsze

CO NA OBIAD?

ZESTAW 1

Przystawka

Półmisek zakąskowy.

Zupa

Krem z kurek z groszkiem ptysiowym.

Drugie danie

Ziemniaki, bułka cysterska, szaszłyk w kurczaku, sakiewki, brzoskwinie, ananasy z puszki. Sałatka z kapusty pekińskiej.

Deser

Kompot z wiśni i dowolnie wybrane ciasto.

Sałatka z selera

Składniki:

50 dag selera,
2-3 jabłka,
1 cytryna,
2 łyżki posiekanych orzechów włoskich,
4-5 łyżek majonezu,
1 łyżka zielonej pietruszki,
sól,
cukier,
pieprz.

Wykonanie:

Seler ugotować i obrać, jabłka obrane pokroić razem z selerem w kostkę, skropić sokiem z cytryny, dodać drobno posiekaną natkę pietruszki, orzechy, majonez, wymieszać, doprawić do smaku.

Jajka nadziewane

Składniki:

6 jajek,
5 dag sera żółtego drobno startego,
1-2 łyżki majonezu,
sól,
pieprz.

Wykonanie:

Jajka ugotować, obrać i przekroić wzdłuż, połowę żółtek rozetrzeć z serem, dodać majonez, przyprawić do smaku. Napełnić połówki jajek, pozostałe żółtka przetrzeć przez sitko i posypać nimi połówki nadziewanych jaj.

Cienkie plasterki wędliny zwinąć w rożki. Przybrać papryką, ogórkami, grzybami marynowanymi, pomidorem.

Ułożenie półmiska:

Na środku dużego półmiska ułożyć spłaszczony kopczyk sałatki, na sałatce układać połówki nadziewanych jajek, dookoła obłożyć rożkami wędliny, przybrać zieloną sałatą, ogórkami – według własnego wyboru i gustu.

Marynowane grzybki, kawałki papryki ponabijać na wykałaczki i powkładać do rożków z wędliny.

Podawać z pieczywem.

Szczypta duchowej strawy

Dobry chrześcijanin, żyjący w świecie, z całą powagą stara się o to, aby w tym czasie świętym z wdzięczną gorliwością i gorętszą miłością służyć swemu Panu i Bogu.

M. Franciszka Lechner

KREM Z KUREK

Składniki:

1 marchewka,
1 pietruszka,
kawałek selera,
kawałek pora,
1 kg kurek świeżych lub mrożonych,
1 szklanka śmietany kremówki,
2 żółtka,
1 kostka rosołowa,
1 cebula,
10-15 dag płatków migdałowych,
2-3 łyżki mąki pszennej,
tłuszcz,
sól,
pieprz.

Wykonanie:

Włoszczyznę oczyścić, obrać i rozdrobnić, dodać około 4 litrów wody, kostkę rosołową, sól i gotować do miękkości.

Cebulę pokroić, zeszklić na tłuszczu, dodać oczyszczone kurki, podlać odrobiną wody i dusić około 20 min.

Ugotowaną włoszczyznę razem z kurkami zmiksować. Do ok. 1/2 litra zupy dodać mąkę i dobrze roztrzepać. Resztę zupy zagotować, dodając część z mąką. 2 żółtka roztrzepać w śmietance, dodać do zupy i lekko zagotować. Doprawić do smaku. Przed podaniem posypać płatkami migdałowymi.

KREM Z KUREK

Groszek ptysiowy

Składniki:

1/4 litra wody,
4 jajka,
13 dag mąki pszennej,
1/2 kostki margaryny.

Wykonanie:

Wodę zagotować z margaryną i do gotującej dodać mąkę i dobrze roztrzepać. Do przestudzonej masy dodawać po jednym jajku, ciągle ubijając trzepaczką. Pod koniec przez chwilę ucierać w mikserze. Gotową masę kłaść szprycą małymi kupkami na lekko wysmarowaną blachę i piec w temp. 190-200°C.

Szczypta duchowej strawy

Jeżeli chcecie otrzymać całą pełnię błogosławieństwa Bożego, nawet najmniejszy bożek nie może przebywać w Waszym sercu.

M. Franciszka Lechner

SZASZŁYK W KURCZAKU

Składniki:

1 kg piersi z kurczaka,
6 małych cebulek,
10-15 dag boczku,
6 pieczarek marynowanych,
2-3 jajka,
bułka tarta,
tłuszcz,
sól,
pieprz,
patyczki na szaszłyki.

Wykonanie:

Piersi kurczaka pokroić na porcje, doprawić i rozbić. Cebulki pokroić na połówki w poprzek. Boczek pokroić w kostkę. Na patyczek nadziewać połówkę cebuli, boczek, pieczarkę (można kawałek ananasa, brzoskwini, śliwki suszonej, papryki), zakończyć drugą połówką cebuli. W rozbite piersi kurczaka zawinąć szaszłyk. Opanierować w roztrzepanych jajach, bułce tartej. Usmażyć. Po wystudzeniu przekroić szaszłyk wzdłuż patyczka na 2 połówki. Przed podaniem mięso podgrzać.

SZASZŁYK W KURCZAKU

Sałatka z kapusty pekińskiej

Wykonanie:

Kapustę pokroić, czosnek przecisnąć przez praskę lub zetrzeć na tarce o drobnych oczkach, dodać jogurty, wymieszać i doprawić.

Składniki:

1 kapusta pekińska,
2-3 jogurty naturalne,
2-4 ząbki czosnku,
sól,
pieprz.

Bułka cysterska

Kromki weki zanurzyć w słodkim mleku, w roztrzepanym jajku i smażyć z obu stron na rozgrzanym tłuszczu.

Brzoskiwinie i ananasy z puszki oddzielić od syropu i smażyć na maśle z obu stron.

Szczypta duchowej strawy

Pan posługuje się nader ubogim i nędznym narzędziem, aby ukazać wszystkim naocznie, że działa tutaj Jego dłoń.

M. Franciszka Lechner

SAKIEWKI

Składniki:

7 kotletów schabowych bez kości,
20-30 dag pieczarek,
1 mały kawałek papryki czerwonej,
1 cebula,
tłuszcz,
2 łyżeczki przecieru pomidorowego,
sól,
pieprz.

Wykonanie:

Mięso doprawić i rozbić cienko. Pieczarki, paprykę, cebulę pokroić, udusić na tłuszczu, dodać przecier pomidorowy i doprawić. Farsz układać na środku płatów mięsa, zwinąć w kształt sakiewek i mocno związać nitką. Ułożyć na blaszce posmarowanej tłuszczem i piec, podlewając powstałym sosem. Po upieczeniu i wystygnięciu usunąć nitki. Przed podaniem podgrzać mięso i polać sosem z pieczenia.

Ułożenie półmiska:

Na liściach zielonej sałaty ułożyć mięso, obok bułkę cysterską, smażone brzoskwinie i ananasy. Można przybrać papryką lub pomidorem.
Osobno podać ziemniaki i sałatkę.

SAKIEWKI

ZESTAW 2

Przystawka

Jajka w galarecie.

Zupa

Barszcz czerwony z krokietami
lub kapuśniaczkami
lub ślimaczkami.

Drugie danie

Kotlet schabowy, rolada z polędwicy wołowej, frytki, surówka z białej kapusty z majonezem.

Deser

Truskawki w galaretce.

JAJKA W GALARECIE

Składniki:

5 jajek,
10 plasterków szynki,
korniszony,
zielona sałata.

Wykonanie:

Jajka ugotować na twardo, obrać, przekroić na połówki. Ogórki pokroić na ćwiartki. Na każdą połówkę jajka położyć 2 ćwiartki ogórka, zawinąć w plasterek szynki tak, aby węższy koniec jajka pozostał nie przykryty. Ułożyć na półmisku liście zielonej sałaty, na nich jajka. Przybrać półmisek według gustu i zalać galaretą.

GALARETA

Składniki:

3-4 łyżeczki żelatyny,
włoszczyzna (marchew, pietruszka, seler, por),
ziele angielskie,
liście laurowe,
2 białka,
pieprz,
sól.

Wykonanie:

Włoszczyznę ugotować i odcedzić, wywar doprawić (jeśli chcemy mieć czystą galaretę, to sklarować), do 1/2 litra wywaru dodać 2 ubite białka, rozmieszać, zagotować, ciągle mieszając. Gdy białko zetnie się – przestudzić, przecedzić przez sitko i gazę, dodać osobno rozpuszczoną żelatynę. Tężejącą galaretą zalać półmisek z jajkami. Podawać z pieczywem.

BARSZCZ CZERWONY

KISZENIE BARSZCZU – SPOSÓB I

Wykonanie:

Buraczki obrać, pokroić w plasterki, włożyć do garnka lub do słoika, zalać letnią przegotowaną wodą (tak, aby buraczki były zakryte), dodać chleb, przykryć gazą, pozostawić na 4-5 dni. Zakwas przecedzić, dodać rosół i doprawić.

Składniki:

1/2 kg buraczków,
1 litr wody,
1 kromka chleba żytniego.

KISZENIE BARSZCZU – SPOSÓB II

Wykonanie:

Buraczki, marchew, pietruszkę, seler obrać i zetrzeć na tarce o grubych oczkach, dodać pokrojoną cebulę, czosnek, ziele, liść, sól, cukier. Zalać wszystko gotującym rosołem lub gotującą wodą (wtedy z kostką rosołową). Dodać kwasku (można dodać trochę wody z ogórków kiszonych, ale wtedy zmniejszamy ilość kwasku). Zostawić na noc. Na drugi dzień lekko zagotować, scedzić (można buraczki zalać jeszcze raz wodą i zagotować). Barszcz doprawić, ma być pikantny.

Składniki:

1/2 kg buraczków,
1 mała marchewka,
1 pietruszka,
kawałek selera,
1 cebula,
2 ząbki czosnku,
ziele angielskie,
liść laurowy,
nieco kwasku cytrynowego,
cukier,
sól.

KROKIETY Z PIECZARKAMI

Składniki:

20 dag mąki pszennej,
1/4 litra słodkiego mleka,
1/4 litra wody,
2 jajka,
sól,
odrobina cukru.

Ciasto naleśnikowe

Wykonanie:

Jajka roztrzepać w mleku, dodać wodę, mąkę, sól, cukier. Wymieszać i usmażyć naleśniki (można użyć samych żółtek, a z białek ubić pianę).

NA 8 naleśników

BARSZCZ Z KROKIETAMI

Pieczarki

Wykonanie:

Pokrojone cebule zeszklić na tłuszczu, dodać pieczarki starte na tarce o grubych oczkach i razem smażyć. Do przestudzonych pieczarek dodać żółty ser starty na tarce o grubych oczkach, wymieszać i doprawić.

Naleśniki smarować farszem, zwinąć w rulon, panierować w roztrzepanych jajkach i bułce tartej. Obsmażyć na tłuszczu.

Składniki:

2 średnie cebule,
1/2 kg pieczarek,
15 dag sera żółtego,
2-3 jajka,
bułka tarta,
tłuszcz,
sól,
pieprz.

Szczypta duchowej strawy

Niech godne uwielbienia Serce naszego Pana zechce nasze serca ukształtować tak, aby On sam w nich chętnie mógł przebywać i w każdej chwili napełniać je obfitością swoich łask.

Franciszka Lechner

KAPUŚNIACZKI

Ciasto

Składniki:

50 dag mąki pszennej,
15 dag margaryny,
5-6 dag drożdży,
2 jajka,
2 żółtka,
1/2 szklanki kwaśnej śmietany,
2 łyżki mleka,
cukier i sól do smaku.

Wykonanie:

W naczyniu drożdże rozkruszyć z cukrem, z odrobiną mąki i mlekiem. Margarynę posiekać z resztą mąki, dodać sól, jajka, żółtka, śmietanę i wyrośnięte drożdże. Zarobić ciasto i odstawić do wyrośnięcia.

BARSZCZ Z KAPUŚNIACZKAMI

Nadzienie

Wykonanie:

Kapustę pokroić na drobne kawałki, ugotować (nie na miękko), przestudzić, odcisnąć wodę i zmielić w maszynce o grubszych otworach. Cebule pokroić w kostkę, zeszklić na tłuszczu, dodać drobno pokrojone pieczarki i udusić. Zmieloną kapustę połączyć z pieczarkami, doprawić pieprzem i solą.

Ciasto porcjami rozwałkować. Wzdłuż brzegu ciasta rozłożyć farsz, zawinąć w rulon jeden raz, odciąć od reszty ciasta radełkiem. Dobrze skleić, ułożyć połączeniami do spodu. Nożem (nie ostrzem) zrobić dekoracyjną kratkę i ciąć na nieduże kawałki. Układać na natłuszczonej blaszce. Zostawić w ciepłym miejscu do wyrośnięcia. Przed włożeniem do pieca posmarować roztrzepanym jajkiem.

Składniki:

1 mała kapusta biała,
2 średnie cebule,
30 dag pieczarek,
sól,
pieprz,
tłuszcz.

Szczypta duchowej strawy

Mamy wiele przyczyn ku temu, by być oddanymi Panu Bogu z wdzięczną miłością. Jakże wiele dobrego okazał On każdemu z nas, a przez nas innym.

M. Franciszka Lechner

ŚLIMACZKI DO BARSZCZU

Ciasto

Usmażyć naleśniki według przepisu ze str. 26 (krokiety z pieczarkami).

Farsz

Farsz zrobić według przepisu na nadzienie do kapuśniaczków (str. 29).

Wykonanie:

Naleśniki posmarować farszem, zwinąć w roladki, ułożyć na płytkim talerzu, przykryć ściereczką. Wstawić do lodówki (najlepiej na noc). Gdy naleśniki stężeją, kroić na kromki, zanurzyć w roztrzepanym jajku i smażyć na tłuszczu z obu stron.

Szczypta duchowej strawy

W tabernakulum mamy Przyjaciela Wszechmocnego, Najwierniejszego, który się zajmie każdą naszą sprawą, jakby była Jego własną.

M. Franciszka Lechner

KOTLET SCHABOWY

Wykonanie:

Kotlety doprawić, rozbić na cienkie plastry, posypać serem wędzonym startym na tarce o grubych oczkach, zwinąć w rulon (jak roladę), panierować w roztrzepanych jajkach, bułce tartej i smażyć.

Składniki:

6 kotletów,
20 dag sera żółtego wędzonego,
2 jajka,
bułka tarta,
sól,
pieprz,
tłuszcz.

ROLADA Z POLĘDWICY WOŁOWEJ

Wykonanie:

Polędwicę doprawić i dość cienko rozbić. Boczek pokroić w drobną kostkę i usmażyć na maśle.

Na rozbitą polędwicę rozłożyć boczek, na boczku rozłożyć oczyszczone listki szpinaku, zwinąć roladę, związać sznurkiem, polać odrobiną oleju, zawinąć w folię, włożyć do brytfanki i piec do miękkości.

Przestudzoną roladę pokroić, z powstałego wywaru można zrobić sos, dodając słodkiej śmietany i mąki.

Podawać na ciepło.

Składniki:

1 kg polędwicy wołowej,
20-30 dag boczku,
20 niedużych listków szpinaku (może być mrożony),
olej,
masło,
sól,
pieprz.

SURÓWKA Z BIAŁEJ KAPUSTY

Składniki:

1 mała główka kapusty,
1 nieduża marchewka,
2 jabłka,
1 czerwona cebula,
zielona pietruszka,
majonez,
1 cytryna,
sól,
pieprz.

Wykonanie:

Kapustę poszatkować na tarce o grubych oczkach, dodać marchewkę startą na tarce o drobnych oczkach, posolić i pozostawić na chwilę. Następnie dodać sok z cytryny, jabłka starte na tarce o grubych oczkach, pokrojoną cebulę, pietruszkę, majonez (tyle, ile zabierze kapusta), wymieszać i doprawić. Zamiast majonezu można dodać kwaśnej śmietany lub jogurtu naturalnego.

TRUSKAWKI W GALARETCE

Składniki:

1/2 kg mrożonych truskawek,
2-3 galaretki,
1/4 litra śmietany kremówki.

Wykonanie:

W salaterkach ułożyć zamrożone truskawki, zalać ciepłą galaretką. Przed podaniem przybrać bitą śmietaną.

ZESTAW 3

Przystawka

Rurki z szynką i chrzanem.
Kanapki z szynką i majonezem.

Zupa

Rosół z kluskami francuskimi.

Drugie danie

Kaczka.
Schab duszony.
Piersi z kurczaka.
Ziemniaki, makaron ryżowy, sałata zielona, surówka z selera.

Deser

Sałatka owocowa.

RURKI Z SZYNKĄ I CHRZANEM

Składniki:

25-30 dag szynki,
10 dag chrzanu ze słoika,
2-3 jajka,
2 łyżki kwaśnej śmietany,
sól,
pieprz.

Wykonanie:

Szynkę pokroić w plastry. Jajka ugotować na twardo, obrać i zmielić w maszynce o drobnym sitku. Zmielone jajka połączyć z chrzanem, śmietaną, doprawić solą i pieprzem.

Plastry szynki posmarować masą chrzanową, zwinąć w rulony, ułożyć na półmisku ukośnie w rzędzie, przybrać według własnego uznania zieloną sałatą, pomidorem, papryką, ogórkami lub grzybkami marynowanymi.

KANAPKI Z SZYNKĄ I MAJONEZEM

Składniki:

20 dag szynki,
2 jajka ugotowane na twardo,
3-4 pieczarki marynowane,
1-2 korniszony,
2-4 łyżki majonezu,
pietruszka lub szczypiorek,
pieczywo.

Wykonanie:

Szynkę, jajka, pieczarki, korniszony posiekać nożem na drobne kawałki, dodać 2-3 łyżki majonezu, doprawić i wymieszać.

Kromki pieczywa posmarować masą, ułożyć na tacy, przybrać wierzch odrobiną majonezu i posypać drobno pokrojoną natką pietruszki lub szczypiorkiem.

ROSÓŁ

Wykonanie:

Mięso oczyścić, zalać zimną wodą i doprowadzić do zagotowania, zebrać szumowiny, dodać włoszczyznę, sól, suszone grzybki, czosnek, ziele angielskie, liście laurowe (latem dodać nać pietruszki i selera) i cebulę przypieczoną na płycie. Gotować rosół na wolnym ogniu (rosół mocno gotowany staje się mętny). Gdy mięso jest miękkie, przecedzić rosół i doprawić.

Składniki:

Włoszczyzna (marchewka, pietruszka, kawałek selera, por)
1 cebula,
1-2 małe ząbki czosnku,
2-3 korzonki suszonych borowików,
kawałek mięsa z kością – wołowina, wieprzowina, drób (najlepiej każdego po kawałku),
ziele angielskie,
liście laurowe,
sól,
pieprz.

Kluski francuskie

Wykonanie:

Masło utrzeć w misce, dodając po 1 żółtku. Z białek ubić pianę, lekko wymieszać z utartymi żółtkami, dodawać mąkę, koniecznie przesiewając przez sito (mąka nie może być zbita), lekko wymieszać, zrobić próbę z ciasta – jeżeli kluski się rozlatują, dodać jeszcze mąki (dużo zależy od wielkości jajek). Na osoloną i lekko gotującą się wodę kłaść małą łyżeczką kluseczki, odwrócić widelcem na drugą stronę. Wyjmować siteczkiem i wkładać do doprawionego rosołu.

Składniki:

1 płaska łyżka masła,
4 jajka,
4 łyżki mąki pszennej.

KACZKA

Składniki:

1 nieduża kaczka,
30 dag mięsa wieprzowego,
30 dag mięsa drobiowego,
4 jajka,
3 drobiowe wątróbki,
1 mała bułka,
1 pęczek zielonej pietruszki,
tłuszcz,
majeranek,
sól,
pieprz.

Wykonanie:

Wyluzować kości z kaczki, natrzeć solą, pieprzem, majerankiem.
Bułkę namoczyć, odcisnąć i zmielić razem z mięsem i wątróbką, dodać żółtka, posiekaną natkę pietruszki i doprawić masę. Na końcu ubić pianę i wszystko wymieszać.
Kaczkę zeszyć, zostawiając nieduży otwór, przez który należy włożyć masę mięsną. Po nafaszerowaniu kaczki należy szczelnie zaszyć otwór, by masa nie wypływała podczas pieczenia.
Piec w piekarniku ok. 1 i 1/2 godz.
Podawać na ciepło lub zimno.

ROSÓŁ (str. 35)

SCHAB DUSZONY

Wykonanie:

Dzień przed duszeniem mięso natrzeć pastą z mieszanki czosnku, soli, pieprzu, tymianku, dodać cebule, wlać 1/2 szklanki wina i kilka razy polewać mięso marynatą. Następnego dnia rozgrzać olej w brytfance, włożyć mięso, marynatę i piec w piekarniku około 2 godz., polewając sosem. Po upieczeniu dodać do sosu mąkę, wlać resztę wina i gotować na małym ogniu około 10 min. Sos przetrzeć przez sitko.
Mięso pokroić na porcje.
Jabłka (koniecznie czerwone) pokroić w ćwiartki, nie obierając, obsmażyć na maśle z obu stron.
Pieczeń podzieloną na porcje ułożyć na półmisku, obok ułożyć usmażone jabłka. Mięso polać sosem.

Składniki:

1,25 kg schabu bez kości,
2 zmiażdżone ząbki czosnku,
1 łyżeczka soli,
1/2 łyżeczki pieprzu,
odrobina tymianku,
2 posiekane cebule,
1 szklanka wytrawnego białego wina,
1/4 szklanki oleju,
1 łyżka mąki,
2 łyżki masła,
3-4 duże winne, czerwone jabłka.

PIERSI Z KURCZAKA

Składniki:

6 porcji piersi z kurczaka,
tłuszcz,
sól,
pieprz.

Przygotować ciasto naleśnikowe z połowy składników według przepisu ze str. 26 (krokiety z pieczarkami).

Wykonanie:

Piersi kurczaka doprawić, rozbić, zanurzyć w naleśnikowym cieście i kłaść na rozgrzany tłuszcz, smażyć z obu stron.

SCHAB DUSZONY (str. 37)

SAŁATA ZIELONA

Wykonanie:

Liście sałaty wypłukać, oczyścić, osuszyć i rozdrobnić. Zrobić sos sałatkowy według przepisu na opakowaniu, dodać drobno pokrojoną białą cebulę i szczypiorek. Wymieszać z sałatą.

Składniki:

1 większa główka sałaty,
sos sałatkowy,
1 cebula,
szczypiorek.

SURÓWKA Z SELERA

Wykonanie:

Selery obrać, zetrzeć na tarce o drobnych oczkach, skropić sokiem z cytryny, dodać jabłka obrane i starte na tarce o grubych oczkach, dodać drobno pokrojoną cebulę, pietruszkę, majonez, doprawić do smaku (majonez można zastąpić jogurtem naturalnym).

Składniki:

2-3 nieduże selery,
3 jabłka,
1 cytryna,
1 mały słoik majonezu,
1 mała czerwona cebula,
1 łyżka pokrojonej zielonej pietruszki,
sól,
pieprz.

SAŁATKA OWOCOWA

Składniki:

2-3 banany,
1 pomarańcza,
4-5 mandarynek,
2 kiwi,
1 puszka brzoskwiń,
1 puszka ananasów,
odrobina winogron zielonych i ciemnych,
1 szklanka wermutu,
sok z 1/2 cytryny.

Wykonanie:

Banany obrać, pokroić na plasterki i skropić sokiem z cytryny. Pozostałe owoce obrać i pokroić w kostkę (koniecznie usunąć pestki z winogron), zalać wermutem, przed podaniem schłodzić w lodówce.
Sałatkę owocową można sporządzić z owoców według własnego smaku i uznania.

SZCZYPTA DUCHOWEJ STRAWY

Poznanie dobroci Boga budzi i ożywia naszą miłość ku Niemu, a skoro się ją osiągnie, wówczas posiada się wszystko.

M. Franciszka Lechner

ZESTAW 4

Przystawka

Pstrąg smażony.
Sałatka z kapusty włoskiej z musztardą.
Sałatka z kalafiora i brokuła.

Zupa

Krem z porów z grzankami.

Drugie danie

Ziemniaki, kotlety z jajek, rolada z indyka, surówka z kiszonej kapusty, marchewka z groszkiem.

Deser

Kompot z truskawek, ciasto.

PSTRĄG SMAŻONY

Składniki:

6 porcji pstrąga,
2 cytryny,
1 łyżka mąki pszennej,
10 dag płatków migdałowych,
masło (lub olej),
zielona sałata,
sól,
pieprz.

Wykonanie:

Porcje pstrąga posolić, popieprzyć, skropić sokiem z 1 cytryny i zostawić na około 1-2 godzin. Każdą porcję obtoczyć w mące od strony skórki, kłaść na rozgrzane masło (lub olej) i usmażyć.

Płatki migdałowe usmażyć na maśle. Na półmisku ułożyć liście zielonej sałaty, a na nich smażonego pstrąga. Na całej długości pstrąga dekoracyjnie ułożyć smażone migdały, przybrać plasterkami cytryny.

Podawać jako gorącą przekąskę z pieczywem, z sałatką z kapusty włoskiej.

SZCZYPTA DUCHOWEJ STRAWY

Tajemnica Najświętszej Eucharystii jest przelewającym się wciąż strumieniem miłości.

M. Franciszka Lechner

SAŁATKA Z KAPUSTY WŁOSKIEJ Z MUSZTARDĄ

Wykonanie:

Kapustę poszatkować drobno, zalać wrzącą, osoloną wodą, ugotować na półmiękko, odcedzić, przestudzić. Cebulę pokroić w kostkę, jabłka obrać i zetrzeć na tarce o grubych oczkach. Sałatkę wymieszać ze wszystkimi dodatkami i doprawić.

Składniki:

1 mała kapusta włoska,
3 winne jabłka,
1 cebula,
3-4 łyżki oliwy z oliwek,
sok z cytryny,
ok. 5 dag musztardy,
drobno krojona zielona pietruszka lub szczypiorek,
sól,
pieprz.

SAŁATKA Z KALAFIORA I BROKUŁA

Wykonanie:

Kalafior, brokuł ugotować (nie za długo). Pierś z kurczaka przyprawić i udusić na maśle.

Przestudzone mięso, kalafior, brokuł pokroić, dodać majonez, natkę pietruszki, sól, pieprz, oregano. Wymieszać. Można dodać kukurydzy z puszki.

Składniki:

1 nieduży kalafior,
1 brokuł,
30 dag piersi z kurczaka,
1 słoik majonezu,
1 łyżka pokrojonej zielonej pietruszki,
oregano,
masło (mało),
sól,
pieprz.

KREM Z PORÓW Z GRZANKAMI

Składniki:

3-4 pory (zależy od wielkości),
1 marchewka,
1 pietruszka,
kawałek selera,
1 szklanka śmietany kremówki,
2 żółtka,
2 kostki rosołowe,
1-2 łyżki mąki,
masło,
sól,
pieprz.

Wykonanie:

Pory oczyścić i pokroić. Marchewkę, pietruszkę, seler obrać, zetrzeć na tarce jarzynówce. Masło roztopić, dodać jarzyny, pory i chwilę smażyć, potem wszystko zalać gotującą wodą (jej ilość zależy od zapotrzebowania na zupę), dodać rosołki i chwilę gotować. Przestudzić i zmiksować, żółtka roztrzepać z mąką, śmietanę połączyć z około 1/2 litra zmiksowanej masy. Resztę wywaru zagotować i wtedy połączyć z żółtkami i śmietaną. Ponownie lekko zagotować. Doprawić do smaku.

GRZANKI

Bułkę wekę pokroić w kostkę i podsmażyć na tłuszczu.

ROLADA Z INDYKA (str. 45)

KOTLETY Z JAJEK

Wykonanie:

Jajka ugotować na twardo, cebulę pokroić w kostkę i usmażyć na maśle. W mleku namoczyć bułkę i odcisnąć. Obrane jajka, bułkę, przesmażoną cebulę zmielić w maszynce, dodać surowe jajko, natkę pietruszki, sól, pieprz, dobrze wymieszać, formować kotleciki, obtoczyć w bułce tartej i smażyć z obu stron.

Składniki:

9 jajek,
1 cebula,
1 bułka,
1/2 szklanki mleka,
bułka tarta,
1 łyżka masła,
1 jajko surowe,
tłuszcz do smażenia,
1 łyżka drobno pokrojonej zielonej pietruszki,
sól,
pieprz.

ROLADA Z INDYKA

Wykonanie:

Morele namoczyć w winie na 2 godz. Mięso natrzeć solą i pieprzem. Rozbić, rozłożyć i wyrównać. Połowę masła roztopić. Mięso posmarować masłem, położyć musztardę, rozdrobiony tymianek, odsączone morele. Zwinąć roladę, obwiązać sznurkiem, oblać pozostałym masłem i winem, zawinąć w folię i upiec.

Składniki:

1 kg piersi z indyka,
20 dag suszonych moreli,
150 ml czerwonego wina,
10 dag masła,
2 gałązki tymianku,
2-3 łyżki musztardy,
sól,
pieprz.

SURÓWKA Z KISZONEJ KAPUSTY

Składniki:

50 dag kiszonej kapusty,
1 nieduża marchewka,
1 czerwona cebula,
zielona pietruszka,
szczypiorek,
4-5 łyżek oliwy z oliwek,
1 płaska łyżka kminku,
sól,
pieprz.

Wykonanie:

Kapustę drobno pokroić, marchew zetrzeć na drobnej tarce, cebulę pokroić w kostkę. Wszystkie składniki razem wymieszać, doprawić (można dodać pieprzu, soku z cytryny).

MARCHEWKA Z GROSZKIEM

Składniki:

5-6 marchewek,
1 puszka groszku konserwowego,
1 łyżka masła,
1-2 łyżki mąki pszennej,
sól,
pieprz.

Wykonanie:

Marchewkę obrać, pokroić w drobną kostkę, zalać wodą i gotować, dodając sól i masło. Gdy marchewka będzie miękka, dodać groszek. Zagęścić mąką, przesiewając lekko mąkę przez siteczko prosto do marchewki, roztrzepując widelcem tak, aby nie zrobiły się grudki. Na końcu doprawić do smaku.

ZESTAW 5

Przystawka
Jajka nadziewane z sosem tatarskim.
Pieczarki nadziewane.

Zupa
Zupa pomidorowa z lanym ciastem.

Drugie danie
Filet z indyka.
Karczek w kapuście kiszonej.
Buraczki z chrzanem.
Ziemniaki dufinki.

Deser
Brzoskwinie w czekoladzie.

JAJKA NADZIEWANE Z SOSEM TATARSKIM

Składniki:

5-6 jajek,
10-15 dag szynki,
2 łyżki kwaśnej śmietany,
sól,
pieprz.

Wykonanie:

Jajka ugotować na twardo, obrać, przekroić wzdłuż, wybrać żółtka. Żółtka zmielić razem z szynką, dodać śmietanę, sól, pieprz, dobrze wymieszać i doprawić.
W połówki białek nałożyć masę i ułożyć na półmisku.

Sos tatarski

Składniki:

1 słoik majonezu,
2-3 ogórki kiszone,
1/2 słoika groszku zielonego,
1 słoik pieczarek marynowanych,
zielona pietruszka lub szczypiorek.

Wykonanie:

Obrane ogórki i pieczarki pokroić w kostkę, dodać groszek, majonez i wymieszać. Doprawić. Dla uzyskania ostrości można dodać troszkę musztardy. Dla złagodzenia smaku można dodać kwaśnej śmietany lub jogurtu naturalnego. Sosem polać jajka, posypać drobno posiekaną zieloną pietruszką lub szczypiorkiem.

PIECZARKI NADZIEWANE

Składniki:

10 ładnych pieczarek,
1 mała cebula,
masło,
2-3 jajka,
bułka tarta,
tłuszcz do smażenia,
sól,
pieprz.

Wykonanie:

Cebulę pokroić i zeszklić na maśle, dodać nóżki z pieczarek starte na tarce o grubych oczkach. Usmażyć, doprawić. Gotowe nadzienie nałożyć w kapelusze pieczarek. Następnie spód kapeluszy panierować w jajku i bułce tartej. Usmażyć.
Przystawki podawać z pieczywem.

Szczypta duchowej strawy

Rozsiewajmy szczerą i życzliwą miłość, a zbierać będziemy wierność i miłosierdzie Boże bez końca.

M. Franciszka Lechner

ZUPA POMIDOROWA Z LANYM CIASTEM

Składniki:

1 mały słoik przecieru pomidorowego.

Wykonanie:

Przygotować rosół według przepisu ze str. 35. Dodać do smaku przecier pomidorowy – zupa powinna być czysta (bez śmietany) i pikantna.

Lane ciasto

Składniki:

3-4 jajka,
ok. 10 dag mąki pszennej.

Wykonanie:

Mąkę połączyć z jajkami i mieszać na jednolitą masę tak długo, aż ukażą się pęcherzyki.
Na gotującą, osoloną wodę wylewać przez lejek (cienką strużką) ciasto. Lane kluski wyjmować sitkiem, przełożyć do wazy i zalać gorącą zupą.
Do zup czystych lane kluski gotuje się w oddzielnej wodzie.

FILET Z INDYKA

Składniki:

1 kg fileta z indyka,
1 kg pieczarek,
1 szklanka białego wina,
1 szklanka słodkiej śmietany lub jogurtu naturalnego,
2 małe cebule,
tłuszcz,
sól,
pieprz.

Wykonanie:

Mięso pokroić na porcje, doprawić, rozbić jak na kotlety i bez panierowania usmażyć. Cebule pokroić w kostkę, zeszklić na tłuszczu, dodać pokrojone pieczarki i chwilę smażyć. Gdy pieczarki będą miękkie, dodać wino, śmietanę (lub jogurt), mięso i jeszcze chwilę smażyć, doprawić.
(Mięso można zrobić bez wina).

SZCZYPTA DUCHOWEJ STRAWY

Gdziekolwiek na ziemi Król Chwały rozbił swój Namiot Eucharystyczny, swoje Tabernakulum, by mieszkać wśród nas, tam dniem i nocą trwają Aniołowie w radosnej adoracji.

M. Franciszka Lechner

KARCZEK W KAPUŚCIE KISZONEJ

Składniki:

1 i 1/2 kg karczku,
ok. 1 kg kiszonej kapusty,
5-6 plasterków ananasa z puszki,
sól,
pieprz.

Wykonanie:

Doprawiony karczek włożyć do brytfanny, obłożyć wkoło odciśniętą kapustą kiszoną, na kapuście ułożyć pokrojone w kostkę ananasy.
Piec w piekarniku do miękkości. Po upieczeniu pokroić na porcje, podawać razem z kapustą.

SZCZYPTA DUCHOWEJ STRAWY

Opatrzność Boża zawsze nad nami czuwa, po Ojcowsku nas strzeże i błogosławi nam.

M. Franciszka Lechner

BURACZKI Z CHRZANEM

Wykonanie:

Buraczki oczyścić, ugotować, przestudzone obrać ze skórki i zetrzeć na tarce o drobnych oczkach, dodać chrzan, sól, cukier, pieprz (chrzanu można dodać według upodobania).

Składniki:

1 kg buraczków,
1 mały słoik chrzanu,
sól,
cukier,
pieprz.

DUFINKI

Wykonanie:

Ziemniaki zmielić, dodać wszystkie składniki, wymieszać i doprawić. Nakładać małą łyżeczką na gorący tłuszcz i smażyć jak frytki.

Składniki:

60 dag ugotowanych ziemniaków (najlepiej dzień wcześniej),
3 jajka,
3 łyżki oleju,
3 łyżki słodkiego mleka,
7 łyżek mąki pszennej,
tłuszcz do smażenia,
sól,
pieprz.

BRZOSKWINIE W CZEKOLADZIE

Składniki:

5 brzoskwiń,
6 łyżek cukru,
2 szklanki wody,
1 łyżka czekolady w proszku,
1 płaska łyżka mąki ziemniaczanej,
3 żółtka,
2 szklanki mleka.

Wykonanie:

Z 4 łyżek cukru i wody ugotować syrop, brzoskwinie przekroić na ćwiartki, usunąć pestki i lekko obgotować w syropie, ułożyć w salaterkach. Żółtka utrzeć z 2 łyżkami cukru, dodać czekoladę, mąkę ziemniaczaną. Zalać wrzącym mlekiem i ciągle mieszając, lekko zagotować. Brzoskwinie w salaterce zalać przestudzonym sosem.

SZCZYPTA DUCHOWEJ STRAWY

Cudowne są drogi Bożej Opatrzności i niezgłębione wyroki Pana.

M. Franciszka Lechner

ZESTAW 6

Przystawka
Galantyna z drobiu, sałatka.

Zupa
Zupa pieczarkowa z grzankami.

Drugie danie
Królik duszony.
Schab z boczkiem.
Ryż na sypko, frytki, sałatka zielona.
Sałatka z ogórków.

Deser
Budyń z galaretką.

GALANTYNA Z DROBIU

Składniki

1 nieduży kurczak,
10 dag wątróbki drobiowej,
10 dag wieprzowiny,
15 dag cielęciny,
1 mała bułka,
2 jajka,
gałka muszkatołowa,
włoszczyzna do wywaru,
sól,
pieprz,

do przybrania:
2-3 korniszony,
2-3 kiełbaski serdelowe.

Wykonanie:

Kurczaka umyć, odciąć skrzydełka do pierwszego stawu, wyłamać kości w stawie barkowym i w nogach. Ułożyć kurczaka grzbietem do góry, rozciąć przez cały grzbiet i ostrożnie oddzielić skórę z mięsem od szkieletu. Z kości i włoszczyzny ugotować wywar. Bułkę namoczyć. Mięso wieprzowe, cielęcinę, wątróbkę, namoczoną bułkę zmielić 2-3 razy, dodać sól, pieprz, gałkę muszkatołową, jajka, dobrze wyrobić. Jeżeli masa jest za gęsta, można dodać odrobinę wywaru. Płat mięsa razem ze skórą rozłożyć, doprawić, wyrównać, aby nie było nacięć, nałożyć nadzienie równomiernie, ułożyć wzdłuż kawałki kiełbasy, korniszony, zwinąć jak roladę, zaszyć, zawinąć w płócienną serwetę, zawiązać sznurkiem końce z obu stron. Włożyć do wywaru i gotować na wolnym ogniu ok. 1 godz. Galantynę nieco przestudzić, wyjąć, ułożyć na deseczce, przykryć drugą z niewielkim obciążeniem. Przestudzoną galantynę pokroić w plastry. Z wywaru zrobić galaretę według przepisu ze str. 24 (jajka w galarecie). Ułożyć plastry na półmisku, przybrać według gustu i zalać galaretą – boki półmiska można przybrać krojoną zastygłą galaretą. Galantynę można również pokroić razem z wędliną i ułożyć na półmisku.

SAŁATKA

Składniki:

Zielone łodygi z 2 selerów,
1 podwójna pierś z kurczaka,
2 ogórki zielone,
10 dag sera żółtego,
sos sałatkowy,
sól,
pieprz.

Wykonanie:

Łodygi selera umyć i pokroić. Pierś z kurczaka ugotować lub poddusić.
Ugotowaną pierś, ser żółty, ogórki ze skórką pokroić w kostkę, dodać pokrojony zielony seler, przyprawić solą, pieprzem, sosem sałatkowym i dobrze wymieszać.

Szczypta duchowej strawy

Miłość Boga i miłość bliźniego są i pozostaną nierozdzielnymi siostrami.

M. Franciszka Lechner

ZUPA PIECZARKOWA Z GRZANKAMI

Składniki:

50 dag pieczarek,
2 nieduże selery (pozostałe z sałatki),
1 mała marchewka,
1 pietruszka,
2-3 łyżki mąki pszennej,
2 żółtka,
1 niecała szklanka słodkiej śmietany,
1 cebula,
masło,
1 kostka rosołowa,
sok z 1/2 cytryny,
sól,
pieprz.

Wykonanie:

Pieczarki oczyścić i pokroić. Cebulę pokroić, zeszklić na maśle, dodać pieczarki, chwilę dusić, podlać wodą, dodać kostkę rosołową, posolić i chwilkę gotować. Seler, marchewkę, pietruszkę zetrzeć na tarce o grubych oczkach (seler po starciu skropić sokiem z cytryny), podsmażyć na maśle, połączyć z pieczarkami i jeszcze chwilę gotować. Przestudzić i zmiksować. Zagęścić żółtkami, mąką i śmietaną. Doprawić do smaku.

Grzanki

Składniki:

Bułka bagietka,
masło,
10-15 dag sera żółtego.

Wykonanie:

Bułkę pokroić w kromki, posmarować masłem, ułożyć na blasze i lekko zapiec w piekarniku.

Zupę rozlewamy do bulionówek, do każdej wkładamy grzankę posypaną startym żółtym serem.

KRÓLIK DUSZONY

Składniki:

1 nieduży królik,
5-6 średnich cebul,
4-5 ząbków czosnku,
majeranek,
mąka pszenna,
1/2 szklanki słodkiej śmietany,
olej,
ziele angielskie,
liść laurowy,
sól,
pieprz.

Wykonanie:

Królika pokroić na porcje, każdą natrzeć roztartym czosnkiem, solą, pieprzem, obtoczyć w mące i obsmażyć na oleju. Cebule pokroić, zeszklić na oleju, dodać ziele angielskie, liść laurowy, podlać wodą, włożyć obsmażonego królika i dusić do miękkości.

Wyjąć porcje królika, sos przecedzić, zagęścić śmietaną i mąką, doprawić, włożyć królika do sosu i chwilę dusić (sos można zrobić pomidorowy, dodając przecier, można też nie przecedzać, podając z cebulką).

Szczypta duchowej strawy

Czy Serce Boże może pozostać niewzruszone, jeżeli z całym zaufaniem przedstawiamy Mu nasze potrzeby?

M. Franciszka Lechner

SCHAB Z BOCZKIEM

Składniki:

6 porcji schabu,
6 plasterków twardego sera żółtego,
6 plasterków boczku,
2 jajka,
bułka tarta,
tłuszcz,
sól,
pieprz.

Wykonanie:

Porcje mięsa doprawić, rozbić, opanierować i usmażyć. Na każdą porcję usmażonego mięsa położyć plasterek sera żółtego, a na wierzch plasterek boczku. Przed podaniem zapiec w piekarniku.

SZCZYPTA DUCHOWEJ STRAWY

Należymy do Boga i będziemy do Niego należeć, to jest pewne.

M. Franciszka Lechner

SAŁATKA ZIELONA

Wykonanie:

Liście sałaty oczyścić, umyć i rozdrobnić. Pomidor sparzyć, obrać ze skórki. Cebulę, obrany ogórek, pomidor pokroić w kostkę, rzodkiewkę pokroić w cienkie plasterki. Wszystko razem wymieszać, dodając pokrojony szczypiorek i resztę dodatków. Doprawić do smaku.

Składniki:

1 duża główka sałaty zielonej,
1 pomidor,
1 świeży ogórek,
1/2 puszki kukurydzy,
zielony szczypiorek,
1 pęczek rzodkiewki,
1 cebula,
sok z cytryny,
oliwa z oliwek,
sól,
pieprz.

SAŁATKA Z OGÓRKÓW

Wykonanie:

Marchewkę ugotować (ma być twarda). Ogórki obrać. Ogórki i ugotowaną marchewkę pokroić w plasterki, jabłka obrać, zetrzeć na tarce o grubych oczkach, cebulę pokroić w kostkę. Wszystko wymieszać, dodać majonez i doprawić.

Składniki:

1 kg kiszonych ogórków,
3 marchewki,
3-4 jabłka (najlepiej szara reneta),
1 cebula,
1 słoik majonezu,
sól,
pieprz.

BUDYŃ Z GALARETKĄ

Składniki:

2 budynie waniliowe lub śmietankowe bez cukru,
1 puszka ananasów,
ajerkoniak,
2 galaretki,
1 litr mleka.

Wykonanie:

Budyń ugotować na mleku i rozlać do salaterek. Gdy przestygną, na wierzch położyć plasterek ananasa, polać ajerkoniakiem i zalać tężejącą galaretką.

SZCZYPTA DUCHOWEJ STRAWY

Pragnąc osiągnąć coś w życiu, musimy sobie jasno uświadomić, do czego dążymy.

M. Franciszka Lechner

ZESTAW 7

Przystawka

Kanapki na krakersach.

Zupa

Bulion z suszonych grzybów z pierożkami.

Drugie danie

Polędwica wieprzowa.
Kotlety z ananasem i żurawinami.
Kopytka, sałatka jarzynowa, ziemniaki.

Deser

Morele w sosie z wina.

KANAPKI NA KRAKERSACH

Składniki:

Ciastka krakersy,
pasta kanapkowa,
słoik oliwek,
marynowany czosnek,
cebulka,
plasterki szynki,
korniszony,
zielona pietruszka,
szczypiorek,
papryka,
sól,
pieprz.

Wykonanie:

Na posmarowane pastą krakersy układać małe kawałki składników według własnego smaku i uznania. Na zakończenie przybrać kanapki drobno posiekaną natką pietruszki lub szczypiorkiem.

BULION Z SUSZONYCH GRZYBÓW Z PIEROŻKAMI

Składniki:

10-15 dag suszonych grzybów,
1 kostka rosołowa.

Bulion

Wykonanie:

Grzyby umyć, zalać przegotowaną i przestudzoną wodą, zostawić na noc. Następnego dnia grzyby ugotować. Bulion wykonać według przepisu przygotowania rosołu (str. 35) lub przyrządzić z kostki rosołowej. Do bulionu dodać wywar z ugotowanych grzybów. Do zupy można włożyć kilka grzybków pokrojonych w paski lub zmielonych w maszynce.

Pierożki

Ciasto

Składniki:
1/2 kg mąki pszennej,
1 jajko,
1/2 płaskiej łyżeczki soli,
ok. 3/4 szklanki letniej wody,
1/4 szklanki mleka.

Wykonanie:

Mąkę przesiać na stolnicę, zrobić w niej dołek. Zaparzyć ciasto, wlewając w dołek gotujące mleko i mieszać widelcem. Dodać resztę składników i wyrobić ciasto – ma być wolne.

Farsz

Składniki:
30-35 dag mięsa gotowanego i zmielonego,
1 cebula,
tłuszcz,
sól,
pieprz.

Wykonanie:

Cebulę pokroić w kostkę, zeszklić na tłuszczu, dodać do mięsa, wymieszać i doprawić. Jeżeli mięso jest za suche, to można dodać odrobinę wywaru.

Ciasto rozwałkować, zrobić radełkiem małe kwadraciki, nakładać farsz i zlepiać pierożki. Pierożki gotować w osolonej wodzie, po wrzuceniu zamieszać, po wypłynięciu jeszcze chwilkę gotować, wyjąć sitkiem, wyłożyć do wazy lub na talerz, zalać gorącym bulionem.

POLĘDWICA WIEPRZOWA

Składniki:

80 dag polędwicy wieprzowej,
1/2 kostki masła,
1 szklanka słodkiej śmietany,
2-3 małe jogurty naturalne,
ostra musztarda i estragon do smaku,
1 szklanka miodu pitnego,
sól,
pieprz.

Wykonanie:

Mięso pokroić na małe kawałki, posolić, popieprzyć, lekko rozbić, usmażyć na maśle na wolnym ogniu, dodać śmietanę (zmieszaną z jogurtem i musztardą), 1/2 szklanki miodu. Chwilę smażyć. Doprawić, dodając przed podaniem drugą część miodu pitnego.

POLĘDWICA WIEPRZOWA

KOTLETY Z ANANASEM I ŻURAWINAMI

Wykonanie:

Mięso doprawić, rozbić, opanierować i usmażyć. Na każdy kawałek usmażonego mięsa położyć plaster ananasa, w środek ananasa łyżeczką nałożyć dżem żurawinowy, w plasterku sera zrobić otwór i tak go ułożyć, by żurawina znalazła się w otworze. Zamiast ananasa na mięso można położyć połówkę brzoskwini (z puszki) i przykryć serem. Przed podaniem mięso zapiec w piekarniku.

Składniki:

6 porcji mięsa,
6 plasterków ananasa,
6 plasterków sera żółtego,
1 mały słoik dżemu żurawinowego,
2 jajka,
bułka tarta,
tłuszcz,
sól,
pieprz.

KOTLETY Z ANANASEM I ŻURAWINAMI

KOPYTKA

Składniki:

1 kg ugotowanych ziemniaków,
1 jajko,
1-2 łyżki oliwy,
2 łyżki mąki pszennej,
ok. 20 dag mąki ziemniaczanej.

Wykonanie:

Ziemniaki zmielić, dodać wszystkie składniki (ilość mąki zależy od wilgotności ziemniaków), wyrobić ciasto. Uformować wałek (grubości palca), odrobinę spłaszczyć, kroić nożem ukośnie, kluski wrzucać na wrzącą, osoloną wodę. Podawać polane przesmażonym masłem z bułką tartą lub stopionym boczkiem.

BULION GRZYBOWY Z PIEROŻKAMI (str. 64)

SAŁATKA JARZYNOWA

Wykonanie:

Jarzyny obrać i ugotować. Ugotowane jarzyny, obrane jabłka, ogórki zetrzeć na tarce o grubych oczkach, dodać ugotowane i pokrojone jajka, groszek, majonez, w kostkę krojoną cebulę, wymieszać i doprawić.

Składniki:

3-4 średnie marchewki,
1 pietruszka,
kawałek selera,
2 ogórki kiszone,
2 winne jabłka,
zielona pietruszka,
1 puszka groszku konserwowego,
1 słoik majonezu,
3 jajka,
1 cebula,
sól,
pieprz.

SZCZYPTA DUCHOWEJ STRAWY

Dla ufającego nie ma żadnego cienia niepewności i niepokoju, bo niczego się nie lęka.

M. Franciszka Lechner

MORELE W SOSIE Z WINA

Składniki:

50 dag moreli,
1 pełna łyżka cukru kryształu,
2 żółtka,
1 szklanka wody,
1/3 szklanki wina białego,
4 łyżeczki cukru kryształu.

Wykonanie:

1 szklankę wody zagotować z 1 łyżką cukru, morele oczyścić, pokroić na ćwiartki, usunąć pestki i stopniowo obgotować w wodzie z cukrem, gotowe owoce rozłożyć w salaterkach. Żółtka utrzeć z 4 łyżeczkami cukru. Pół szklanki syropu, pozostałego po obgotowaniu owoców, połączyć z winem i zagotować. Gorącym sparzyć utarte żółtka, następnie żółtka ubijać trzepaczką na parze, aż masa zgęstnieje. Owoce polać sosem i zostawić do wystudzenia.

SZCZYPTA DUCHOWEJ STRAWY

Jeżeli nasze zaufanie jest bezwarunkowe, będzie zawsze wynagrodzone wysłuchaniem prośby.

M. Franciszka Lechner

ZESTAW 8

Przystawka

Nadziewane kalarepki i pomidory.
Półmisek wędlin lub serów.

Zupa

Zupa neapolitańska z łazankami.

Drugie danie

Żeberka z miodem.
Piersi z kurczaka.
Ziemniaki, brusznice, kapusta pekińska z brzoskwiniami.

Deser

Krem owocowy.

NADZIEWANE KALAREPKI I POMIDORY

Składniki:

6-7 kalarepek średniej wielkości,
6-7 ładnych pomidorów,
70-80 dag wieprzowiny,
2 małe bułki,
2 jajka,
1 cebula,
tłuszcz,
sól,
pieprz.

Wykonanie:

Kalarepkę obrać, ściąć wierzchy i wydrążyć środki.

Pomidory umyć, ściąć wierzchy i wyjąć ze środka ziarna.

Bułki namoczyć. Cebulę obrać, pokroić w kostkę i zeszklić. Mięso zmielić z cebulą i odciśniętymi bułkami, dodać jajka, sól, pieprz i dobrze wymieszać. Wydrążone kalarepki i pomidory napełnić nadzieniem, przykryć ściętymi wierzchami, docisnąć, ułożyć jedną warstwą w płaskim naczyniu, podlać niewielką ilością wrzącej wody i wstawić do piekarnika, wyparowywany sos uzupełniać wodą. Gdy kalarepki i pomidory będą miękkie, wyjąć z piekarnika.

Podawać z pieczywem i półmiskiem serów i wędlin.

SZCZYPTA DUCHOWEJ STRAWY

Pewność bycia kochanym jest podstawowym warunkiem szczęścia.

M. Franciszka Lechner

ZUPA NEAPOLITAŃSKA Z ŁAZANKAMI

Wykonanie:

Warzywa obrać, ugotować i przecedzić. Z masła i mąki zrobić białą zasmażkę, rozprowadzić niewielką ilością wywaru i połączyć z całością, zagotować, doprawić. Żółtka dobrze roztrzepać w śmietanie, połączyć z zupą – nie gotować. Przed podaniem dodać utarty ser, pokrojoną w kostkę marchewkę i posiekaną zieloną pietruszkę. Łazanki ugotować osobno.

Składniki:

Włoszczyzna (marchewka, pietruszka, por, kawałek selera),
1 szklanka słodkiej śmietany,
10 dag utartego sera żółtego,
2 łyżki mąki pszennej,
zielona pietruszka,
1 łyżka masła,
2 żółtka,
sól,
pieprz.

ŁAZANKI

Wykonanie:

Mąkę przesiać na stolnicę, dodać sól, jajka, wodę i zarobić twarde ciasto. Wyrobione ciasto rozwałkować na dość cienki placek, zostawić do przeschnięcia. Pokroić wzdłuż na paski, a potem w poprzek w kwadraciki, rozsypać do przesuszenia. Ugotować w osolonej wodzie.

Składniki:

30 dag mąki pszennej,
odrobina soli,
2 jajka,
ok. 3-4 łyżek wody.

ŻEBERKA Z MIODEM

Składniki:

6-7 porcji żeberek,
2-3 łyżki miodu (zależy od liczby porcji żeberek),
olej,
1 cebula,
1/2 papryki surowej,
wegeta,
imbir,
kminek,
sól,
pieprz.

Wykonanie:

Żeberka natrzeć solą, pieprzem, wegetą, imbirem, kminkiem i miodem. Zostawić na 15-30 min. Żeberka obsmażyć na oleju, następnie przełożyć do brytfanki, dodać cebulę, paprykę i dusić razem do miękkości.

SZCZYPTA DUCHOWEJ STRAWY

Dla serc kochających Boga słuchanie i mówienie o Nim jest największą radością.

M. Franciszka Lechner

PIERSI Z KURCZAKA

Wykonanie:

Porcje kurczaka doprawić i rozbić. Białka ubić, połączyć z żółtkami. Mięso oprószyć mąką, obtoczyć w pianie i smażyć z obu stron na gorącym tłuszczu.
Podawać z brusznicami.

Składniki:

7 porcji z piersi kurczaka,
3 jajka,
tłuszcz,
mąka pszenna,
sól,
pieprz.

KAPUSTA PEKIŃSKA Z BRZOSKWINIAMI

Wykonanie:

Kapustę oczyścić i pokroić. Brzoskwinie wyjąć z syropu, pokroić wzdłuż na paski, dodać sól, pieprz, majonez i jogurt (ilość zależy od wielkości kapusty), wymieszać i doprawić.

Składniki:

1 kapusta pekińska,
1 puszka brzoskwiń,
2 łyżki majonezu,
jogurt naturalny,
sól,
pieprz.

KREM OWOCOWY

Składniki:

1/2 litra owoców, np. maliny, jagody, truskawki,
1 szklanka wody,
2 galaretki,
1/2 litra śmietany kremówki.

Wykonanie:

Owoce zmiksować, galaretki rozpuścić w wodzie i połączyć z owocami, śmietanę ubić, dodać tężejące galaretki z owocami i razem jeszcze ubić. Rozłożyć do salaterek, wstawić do lodówki, przed podaniem przybrać owocami.

Szczypta duchowej strawy

Bóg jest samą dobrocią i zawsze chce, i może nas wesprzeć.

M. Franciszka Lechner

ZESTAW 9

Przystawka

Ryba w zalewie.
Półmisek rybny.

Zupa

Rosół z makaronem domowym.

Drugie danie

Karczek pieczony.
Mięso drobiowe w naleśniku.
Ziemniaki, sałatka z ogórków kiszonych, bukiet z jarzyn.

Deser

Dowolny kompot.
Ciasto.

RYBA W ZALEWIE

Składniki:

60 dag filetów rybnych,
cebula,
ogórek kiszony,
papryka marynowana lub surowa (te trzy składniki muszą być w jednakowej proporcji).

Wykonanie:

Cebule pokroić w paski i sparzyć. Ogórki kiszone pokroić w półplasterki. Paprykę skroić w paski. Wymieszać warzywa. Filety opanierować i usmażyć, następnie naprzemiennie przełożyć rybę warzywami. Całość zalać zimną zalewą.

ZALEWA

Składniki:

1 mały przecier pomidorowy,
1 mały słoiczek łagodnego keczupu,
ziele angielskie,
liść laurowy,
2 szklanki wody,
6 łyżek octu,
1/2 szklanki oleju,
2 łyżki cukru,
1/2 łyżeczki soli,
pieprz.

Wykonanie:

Wszystko wymieszać i zagotować.

PÓŁMISEK RYBNY

Na półmisku rozłożyć wędzone ryby różnego gatunku według gustu. Przybrać zieloną sałatą, pomidorem, ogórkiem kiszonym. Podawać z pieczywem.

ROSÓŁ Z MAKARONEM

Rosół przyrządzić według przepisu ze str. 35.

Makaron

Wykonanie:

Mąkę przesiać na stolnicę, dodać sól, żółtka, zarobić ciasto. Jeżeli jest bardzo twarde, dodać odrobinę wody lub jajko. Ciasto rozwałkować cienko, zostawić do przeschnięcia. Następnie pokroić w pasy o szerokości ok. 4 cm, podsypać mąką i złożyć kilka w jedną warstwę. Kroić w poprzek ostrym nożem. Rozłożyć do przeschnięcia. Gotować w osolonej wodzie, odcedzić i przelać gorącą wodą.

Składniki:

40 dag mąki pszennej,
6 żółtek,
sól.

KARCZEK PIECZONY

Wykonanie:

Na noc natrzeć karczek różnymi przyprawami, np. oregano (nie solić). Przełożyć do naczynia i wstawić do lodówki. Na drugi dzień sól wsypać do rondla lub naczynia żaroodpornego, włożyć karczek i piec ok. 2 godz. Mięso można odwrócić w czasie pieczenia. Po upieczeniu pokroić w plastry.

Składniki:

Karczek,
sól nie jodowana (tyle ile waży karczek),
przyprawy.

MIĘSO DROBIOWE W NALEŚNIKU

Składniki:

6 porcji mięsa drobiowego,
30 dag pieczarek,
1 cebula,
1 łyżka masła,
6 plasterków sera żółtego,
3 jajka,
bułka tarta,
tłuszcz,
sól,
pieprz.

Wykonanie:

Mięso doprawić, rozbić. Cebulę pokroić, zeszklić na maśle, dodać drobno pokrojone pieczarki i udusić – doprawić.

Zrobić ciasto naleśnikowe według przepisu na krokiety z pieczarkami (str. 26) i usmażyć 6 cienkich naleśników. Na usmażone naleśniki nałożyć mięso, na mięso usmażone pieczarki, plasterek żółtego sera, złożyć w kształt krokieta. Opanierować i usmażyć. Po usmażeniu chwilę podpiec w piekarniku.

SZCZYPTA DUCHOWEJ STRAWY

Wszystko w nas powinno mieć cechy piękna, delikatności, powściągliwości i miłości.

M. Franciszka Lechner

SAŁATKA Z OGÓRKÓW KISZONYCH

Wykonanie:

Ogórki obrać, pokroić w paski, jabłka obrać, zetrzeć na tarce o grubych oczkach, marchew zetrzeć na drobnej tarce, dodać pozostałe składniki, wymieszać i doprawić.

Składniki:

4-5 ogórków kiszonych,
3 jabłka,
2 marchewki,
oliwa z oliwek,
pietruszka zielona.

BUKIET Z JARZYN

Wykonanie:

Każdą jarzynę ugotować osobno. Na środku półmisku ułożyć cały ugotowany kalafior, po bokach układać różne jarzyny według gustu. Polać masłem z bułką tartą, przybrać zielonymi gałązkami pietruszki.

Składniki:

1 ładny kalafior,
30 dag fasolki szparagowej,
20 dag groszku zielonego,
30 dag małych marchewek,
gałązki zielonej pietruszki,
masło,
bułka tarta,
(można dodać innych jarzyn).

ZESTAW 10

Przystawka

Sałatka w pomidorach.
Nadziewana papryka.

Zupa

Zupa ogórkowa z ryżem.

Drugie danie

Rolady z kaszą.
Mięso drobiowe mielone.
Ziemniaki, kapusta czerwona.

Derser

Jabłka z pianką.

SAŁATKA W POMIDORACH

Składniki:

15 dag groszku zielonego,
15 dag chudej szynki,
1 marchewka,
1 pietruszka,
2 jajka,
1 słoik majonezu,
listki zielonej sałaty,
zielony szczypiorek,
1 cebula,
9-10 ładnych pomidorów,
sól,
pieprz.

Wykonanie:

Marchewkę, pietruszkę ugotować. Jajka ugotować na twardo. Ugotowaną jarzynkę, jajka, szynkę, cebulę pokroić drobno w kostkę, dodać groszek, sól, pieprz, majonez – wymieszać i doprawić. Pomidory umyć, ściąć około 1/3 i wydrążyć pestki. Napełnić pomidory sałatką, ułożyć na półmisku na liściach zielonej sałaty, wierzch przybrać majonezem i krojonym szczypiorkiem.

NADZIEWANA PAPRYKA

Składniki:

10 owoców papryki,
50 dag mięsa wieprzowego (może być gotowane, pieczone)
15-20 dag ryżu,
1 cebula,
tłuszcz,
sól,
pieprz.

Wykonanie:

Papryki umyć, ściąć wierzchy, wydrążyć pestki. Ryż ugotować na sypko. Cebulę pokroić, zrumienić na tłuszczu. Mięso zmielić w maszynce, dodać ryż, cebulę, sól, pieprz, wyrobić masę; jeżeli jest za sucha, można dodać odrobinę rosołu.

Napełnić papryki masą, ułożyć w rondlu, przykryć ściętymi wierzchami, podlać odrobiną wody i piec w piekarniku do miękkości.

Podawać z pieczywem.

ZUPA OGÓRKOWA Z RYŻEM

Składniki:

Włoszczyzna,
30 dag ogórków kiszonych,
2 łyżki mąki,
1/2 szklanki kwaśnej śmietany,
1 kostka rosołowa,
4-5 łyżek ryżu,
sól,
pieprz.

Wykonanie:

Włoszczyznę obrać, zetrzeć na tarce o grubych oczkach, przełożyć do garnka, zalać wodą, dodać kostkę rosołową, sól i gotować. Po chwili dodać wypłukany ryż. Gdy ryż i jarzyny będą miękkie, dodać zmielone w maszynce ogórki, zagotować zupę, zabielić śmietaną i mąką, doprawić.

Uwaga:

Zupy czyste nie zabielamy mąką i śmietaną.

Szczypta duchowej strawy

Z naśladowania Chrystusa płynie prawdziwa wolność i radość duchowa.

M. Franciszka Lechner

ROLADY Z KASZĄ

Składniki:

60 dag cielęciny,
10 dag kaszy jęczmiennej,
1 cebula,
3 plasterki szynki,
1 pełna łyżka ukrojonej zielonej pietruszki,
2 żółtka,
2 łyżki mąki pszennej,
1/2 szklanki śmietany słodkiej,
1 łyżka przecieru pomidorowego,
olej,
sól,
pieprz.

Wykonanie:

Kaszę ugotować na sypko. Mięso pokroić na porcje, doprawić i rozbić jak na rolady. Cebulę obrać, pokroić w kostkę i zeszklić na tłuszczu. Szynkę pokroić w drobne paseczki. Kaszę, szynkę, cebulę, żółtka, pietruszkę dobrze wymieszać i doprawić. Porcje mięsa rozłożyć, posmarować masą, zwinąć w ruloniki, obtoczyć w mące i obsmażyć na oleju, podlać wodą i dusić do miękkości. Sos zaprawić śmietaną, przecierem i połączyć z mięsem.

SZCZYPTA DUCHOWEJ STRAWY

Bóg jest czczony przez nasze zaufanie, natomiast obraża Go brak ufności.

M. Franciszka Lechner

MIĘSO DROBIOWE MIELONE

Wykonanie:

Cebulę pokroić w drobną kostkę i zeszklić, bułkę namoczyć i odcisnąć. Do mielonego mięsa dodać cebulę, bułkę, 1 jajko, sól, pieprz. Wyrobić masę mięsną. Masą mięsną posmarować wafle, składając jeden na drugim. Zwinąć w roladę i kroić w kromeczki. 2 jajka roztrzepać, dodać drobno pokrojony koperek, mleko i mąkę (ciasto ma mieć gęstość kwaśnej śmietany). Kromeczki zanurzać w cieście i smażyć na tłuszczu z obu stron.

Składniki:

60-70 dag mielonego mięsa z drobiu,
3 jajka,
1 cebula,
3 suche wafle,
mąka pszenna,
tłuszcz,
1 bułka,
1 pęczek koperku zielonego,
1/2 szklanki mleka słodkiego,
sól,
pieprz.

KAPUSTA CZERWONA

Wykonanie:

Kapustę poszatkować, ugotować na półmiękko. Boczek pokroić i podsmażyć, dodając pokrojoną w kostkę cebulę. Kapustę przecedzić, lekko skropić sokiem z cytryny, dodać wszystkie składniki, wymieszać, doprawić i chwilę jeszcze dusić.

Składniki:

1 mała czerwona kapusta,
10 dag boczku,
1 cebula,
1 szklanka czerwonego wytrawnego wina,
sok z 1/2 cytryny,
sól,
pieprz.

JABŁKA Z PIANKĄ

Składniki:

7-8 jabłek,
marmolada lub konfitury, ilość zależy od wielkości jabłek,
3-4 białka,
20 dag cukru,
1/2 szklanki wody.

Wykonanie:

Jabłka umyć, wydrążyć gniazda nasienne, napełnić marmoladą lub konfiturą, ułożyć w naczyniu żaroodpornym i piec. Z cukru i wody ugotować syrop. Białka ubić, zaparzyć gorącym syropem. Na jabłka nałożyć pianę i ponownie jabłka zapiec.
Podawać na gorąco.

SZCZYPTA DUCHOWEJ STRAWY

Mała chwila przemijającego czasu jest ceną wieczności.

M. Franciszka Lechner

CIASTA

Biszkopt jasny

Składniki:

6 jajek,
1 szklanka cukru kryształu,
1 szklanka mąki,
1 płaska łyżeczka proszku do pieczenia.

Wykonanie:

1. Białka ubić na sztywno, dodać cukier i żółtka.
2. Dodać mąkę zmieszaną z proszkiem do pieczenia i lekko wymieszać.
3. Wylać na formę do pieczenia.
4. Piec w temp. 160-180°C ok. 30-40 min.

Biszkopt ciemny

Składniki:

6 jajek,
1 szklanka cukru kryształu,
1 łyżeczka proszku do pieczenia,
3/4 szklanki mąki pszennej,
2-3 łyżeczki kakao.

Wykonanie:

1. Białka ubić na sztywno, dodać cukier i żółtka.
2. Dodać mąkę zmieszaną z proszkiem do pieczenia, na końcu kakao i lekko wymieszać.
3. Wylać na formę do pieczenia.
4. Piec w temp. 160-180°C ok. 30-40 min.

Biszkopt orzechowy I

Wykonanie:

1. Białka ubić na sztywno, dodać cukier i żółtka.
2. Dodać mąkę zmieszaną z proszkiem do pieczenia, na końcu orzechy i bułkę tartą. Wszystko lekko wymieszać.
3. Wylać na formę do pieczenia.
4. Piec w temp. 180°C ok. 30 min.

Składniki:

4 jajka,
4 łyżki zmielonych orzechów,
3 łyżki bułki tartej,
4 łyżki cukru kryształu,
1 łyżka mąki pszennej,
1/2 łyżeczki proszku do pieczenia.

Biszkopt orzechowy II

Wykonanie:

1. Białka ubić, dodając po 1 łyżce cukru.
2. Dodać żołtka i lekko wymieszać.
3. Dodać orzechy, mieszając.
4. Zmieszać mąkę z proszkiem do pieczenia i dodać do reszty, mieszając.
5. Wylać na formę do pieczenia.
6. Piec w temp. 180°C ok. 30 min.

Składniki:

5 jajek,
15 dag zmielonych orzechów,
5 łyżek cukru kryształu,
5 łyżek mąki pszennej,
1/2 łyżeczki proszku do pieczenia.

Szczypta duchowej strawy

Miłość Jezusa jest miarą naszej nadziei.

M. Franciszka Lechner

KROKODYLE OCZY

Składniki:

1/2 kg mąki pszennej,
1 łyżeczka proszku do pieczenia,
1/2 łyżeczki amoniaku,
1 kostka margaryny,
4 żółtka,
1 szklanka cukru pudru,
2 łyżeczki kakao,
1 mały słoik powideł,
marmolada lub inne owoce.

Ciasto I

Wykonanie:

Mąkę posiekać nożem z margaryną, dodając roztrzepane żółtka z cukrem pudrem, proszek do pieczenia, amoniak, zarobić ciasto (jeżeli jest za suche, można dodać kwaśnej śmietany). Ciasto podzielić na 2 części. Jedną część rozwałkować na blaszkę, posmarować powidłami. Do drugiej części dodać kakao i zarobić. Uformować 32 kulki, do każdej kulki włożyć wiśnie lub inne owoce, lub kwałek twardej marmolady. Rozłożyć kulki na powidłach po 4 na szerokość i po 8 na długość. Upiec ciasto.

Ciasto II

Upiec cienki jasny biszkopt.

Składniki:

1/2 litra mleka,
2 łyżki mąki ziemniaczanej,
2 łyżki mąki pszennej,
1/2 szklanki cukru kryształu,
1 kostka masła.

Krem

Wykonanie:

W 1/2 szklanki mleka roztrzepać mąkę ziemniaczaną i pszenną, resztę mleka zagotować z cukrem, dodać roztrzepaną mąkę. Ugotować budyń. Masło utrzeć, dodając przestudzony budyń.

Przełożenie ciasta:

Ciasto pierwsze z kulkami – krem – biszkopt – polewa.

ROLADA Z JABŁKAMI

Wykonanie:

Białka ubić z cukrem, dodając żółtka i mąkę z proszkiem do pieczenia. Jabłka obrać i zetrzeć na tarce o grubych oczkach. Blaszkę wyłożyć pergaminem, rozłożyć utarte jabłka (można posypać cukrem), na jabłka wylać przygotowane wcześniej ciasto, wyrównać powierzchnię. Piec na złoty kolor. Po upieczeniu wyłożyć ciasto na ściereczkę, zdjąć pergamin i zwinąć roladę.

Składniki:

4 jajka,
1/2 szklanki cukru kryształu,
3/4 szklanki mąki pszennej,
1 płaska łyżeczka proszku do pieczenia,
5 średnich jabłek.

Ciasto

Składniki:

40 dag mąki pszennej,
4 żółtka,
1 szklanka cukru pudru,
15 dag masła,
3 łyżki kwaśnej śmietany,
1 łyżeczka proszku do pieczenia lub amoniaku,
1 łyżka kakao.

Wykonanie:

Zarobić ciasto kruche, podzielić na 2 części, do jednej dodać 1 łyżkę kakao.

Ciasto jasne

Składniki:

4 białka,
1/2 szklanki cukru kryształu,
1 starta gorzka czekolada,
10 dag rodzynek,
10 dag kokosu,
1 szklanka krojonych orzechów,
1 słoik powideł.

Wykonanie:

Ciasto jasne wyłożyć na blaszkę, posmarować powidłami. Ubić pianę z 4 białek z cukrem, dodać resztę składników, rozłożyć na powidłach i upiec placek.

Ciasto ciemne

Składniki:

4 białka,
1/2 szklanki cukru kryształu,
1 kisiel wiśniowy.

Wykonanie:

Ubić białka z cukrem, dodać kisiel, pianę wyłożyć na ciemne ciasto i upiec.

Masa budyniowa

Wykonanie:

Z mleka, cukru, budyniu ugotować budyń. Masło utrzeć, dodając przestudzony budyń.

Składniki:

1/2 litra mleka,
2 budynie,
1 kostka masła,
cukier do smaku.

Przełożenie ciasta:

Ciasto jasne – masa budyniowa – ciasto ciemne – polewa.

TORT BEZOWY Z TRUSKAWKAMI

Ciasto

Składniki:

9 jajek,
1 i 1/2 szklanki cukru kryształu,
1 i 1/2 szklanki mąki pszennej,
2 łyżki kakao,
2 płaskie łyżeczki proszku do pieczenia.

Wykonanie:

Przygotować ciasto biszkoptowe i upiec. Po przestudzeniu przekroić na 2 części.

Krem

Składniki:

1/2 kostki masła,
1/2 kostki margaryny,
2 jajka,
4 łyżki cukru kryształu,
30 dag truskawek (najlepiej świeżych),
kartonik małych bez.

Wykonanie:

Jajka ubić z cukrem na parze. Masło i margarynę utrzeć na puszystą masę. Połączyć z przestudzonymi ubitymi jajkami. Ciągle ucierając, stopniowo dodawać truskawki.

Przełożenie tortu:

Ciasto – połowa kremu – bezy – druga połowa kremu – ciasto – polewa (jeśli zostaną bezy, można wykorzystać je do dekoracji, układając na polewie).

PLACEK BAKALIOWO-ORZECHOWY

Ciasto kruche

Wykonanie:

Ze wszystkich składników zagnieść kruche ciasto (jeżeli jest suche, dodać odrobinę kwaśnej śmietany).

Składniki:

25 dag mąki pszennej,
10 dag cukru pudru,
3 żółtka,
1 cukier waniliowy,
3/4 kostki margaryny,
1 i 1/2 łyżeczki proszku do pieczenia.

Ciasto orzechowe

Wykonanie:

Margarynę utrzeć z cukrem, dodając żółtka, resztę składników, na końcu pianę z białek.

Składniki:

3/4 kostki margaryny,
10 dag cukru kryształu,
4 jajka,
15 dag mąki pszennej,
1 i 1/2 łyżeczki proszku do pieczenia,
10 dag orzechów krojonych,
5 dag orzechów mielonych.

Przełożenie placka:

Ciasto kruche rozłożyć na blasze, posmarować powidłami, posypać orzechami, rodzynkami, wiśniami, na to rozłożyć obrane jabłka, starte na tarce o grubych oczkach. Zalać ciastem orzechowym i piec ok. 1 godz.

Składniki:

1 słoik powideł,
5 dag krojonych orzechów,
5 dag rodzynek,
1 mały słoik konfitur z wiśni,
6 średnich winnych jabłek.

KILIMANDŻARO

Składniki:
8 jajek,
20 dag cukru kryształu,
6 łyżek mąki pszennej,
4 łyżki kakao,
2 płaskie łyżeczki proszku do pieczenia.

Ciasto ciemne

Wykonanie:
Przygotować ciasto biszkoptowe i upiec 2 placki lub jeden i przekroić.

Składniki:
1 kg jabłek,
2 galaretki,
1 łyżka masła.

Masa jabłkowa

Wykonanie:
Jabłka obrać, zetrzeć na tarce o grubych oczkach, masło roztopić, dodać jabłka, chwilę smażyć, dodać suchą galaretkę, wymieszać i jeszcze chwilę smażyć.

Składniki:
1/2 litra mleka,
1/2 szklanki cukru,
2 żółtka,
2 łyżki mąki pszennej,
2 łyżki mąki ziemniaczanej,
1 kostka masła.

Masa budyniowa

Wykonanie:
Z mleka, cukru, żółtek, mąki ugotować budyń. Masło utrzeć, dodając przestudzony budyń.

Przełożenie ciasta:
Ciasto ciemne – masa jabłkowa – masa budyniowa – ciasto ciemne – polewa.

PLACEK KRUCHY Z OWOCAMI

Wykonanie:

Z mąki, proszku do pieczenia, margaryny, żółtek zagnieść kruche ciasto, podzielić na 2 części i przez chwilę schłodzić w lodówce. Jedną część ciasta rozwałkować i wyłożyć na blaszkę, ułożyć owoce. Białka ubić z cukrem i szczyptą soli. Rozprowadzić na owocach. Drugą część ciasta zetrzeć na tarce o grubych oczkach. Przykryć wierzch. Piec w niezbyt gorącym piekarniku, pod koniec pieczenia – zwiększyć temperaturę. Po upieczeniu zostawić w otwartym piekarniku do wystygnięcia.

Składniki:

2 szklanki mąki pszennej,
1 kostka margaryny,
1 łyżeczka proszku do pieczenia,
4 jajka,
1 szklanka cukru kryształu,
dowolne owoce, np.: wiśnie, borówki, śliwki,
sól.

KILIMANDŻARO (str. 98)

BISZKOPT Z AJERKONIAKIEM

Składniki:

1/2 litra śmietany kremówki 30%,
1 szklanka ajerkoniaku,
3 łyżki cukru pudru,
1 cukier waniliowy,
3 łyżeczki żelatyny.

Ciasto

Wykonanie:

Upiec ciemny biszkopt i przekroić na 2 części lub upiec 2 ciemne biszkopty.

Krem

Wykonanie:

Śmietanę ubić, dodając cukier, ajerkoniak i rozpuszczoną żelatynę. Krem wyłożyć na ciasto i przykryć drugim ciastem.

KAWOWE DELICJE

CIASTO I

Wykonanie:

Przygotować ciasto biszkoptowe i wylać na blaszkę. Posypać suchą kawą mieloną.

Składniki:

5 jajek,
1/2 szklanki cukru kryształu,
3/4 szklanki mąki pszennej,
1 płaska łyżeczka proszku do pieczenia,
2 łyżeczki suchej mielonej kawy.

CIASTO II

Wykonanie:

Białka ubić z cukrem, dodać mąkę z proszkiem do pieczenia i wylać na biszkopt posypany kawą. Upiec.

Składniki:

6-7 białek,
1 szklanka cukru kryształu,
5 łyżek mąki pszennej,
2 łyżki mąki ziemniaczanej,
1 łyżeczka proszku do pieczenia.

MASA

Wykonanie:

Wodę, cukier, kakao, masło podgrzać, roztrzepać i gotować ok. 7 min. Po przestudzeniu dodać 3 żółtka. Ucierać zimne.

PRZEŁOŻENIE CIASTA:

Ciasto – masa – nasączone delicje – zalać tężejącą galaretką.

Składniki:

1 kostka masła,
1/2 szklanki wody,
1/2 szklanki cukru kryształu,
3 łyżki kakao,
3 żółtka,
2 paczki delicji,
trochę alkoholu (niekoniecznie),
2 galaretki.

BRZOSKWINIOWE WYDMY

Ciasto

Składniki:

8 białek,
20 dag cukru kryształu,
3 żółtka,
10 dag orzechów mielonych,
10 dag orzechów krojonych,
5 dag kokosu,
10 dag rodzynek,
1 łyżeczka kakao,
1 łyżeczka proszku do pieczenia.

Wykonanie:

Białka ubić z cukrem, dodając żółtka i resztę składników. Ciasto piec około 30-40 min. w temp. 170°C. (Można upiec ciemny biszkopt).

Krem

Składniki:

1 puszka brzoskwiń,
cukier kryształ do smaku,
2 budynie śmietankowe lub waniliowe,
25 dag masła.

Wykonanie:

Odlać sok z brzoskwiń i uzupełnić wodą do 1/2 litra. Z soku, dodając cukru do smaku, ugotować 2 budynie.
Masło utrzeć, dodając przestudzony budyń. Masę podzielić na 2 części.

Przełożenie ciasta:

Składniki:

2 paczki delicji o smaku owocowym,
2 galaretki pomarańczowe.

Ciasto – krem – ułożone delicje – krem – brzoskwinie.
Całość zalać tężejącą galaretką pomarańczową.

PLACEK Z WIŚNIAMI

Wykonanie:

Ubić pianę z 5 białek, dodać cukier kryształ, żółtka, obie mąki, proszek do pieczenia, połowę wiśni (bez pestek) i wylać na blaszkę wyłożoną pergaminem. Upiec.

Z 3 białek ubić pianę z cukrem pudrem i cukrem waniliowym. Po 20 minutach pieczenia sprawdzić, czy ciasto wyrosło i zaczyna się rumienić, wtedy rozłożyć pianę, posypać pozostałymi wiśniami, wstawić ponownie do piekarnika. Piec do momentu zarumienienia piany.

Składniki:

5 jajek,
5 łyżek mąki pszennej,
2 łyżki mąki ziemniaczanej,
1 łyżeczka proszku do pieczenia,
5 łyżek cukru kryształu,
1/2 kg wiśni,
1 cukier waniliowy,
3 białka,
20 dag cukru pudru.

BRZOSKWINIOWE WYDMY (str. 102)

SEROWA ZOSIA

Ser

Składniki:

70 dag sera mielonego,
6 jajek,
20 dag cukru pudru,
1/2 łyżeczki proszku do pieczenia,
1 budyń waniliowy lub śmietankowy,
1 cukier waniliowy,
5-6 dag rodzynek,
1/2 kostki margaryny.

Wykonanie:

Margarynę utrzeć z cukrem pudrem i cukrem waniliowym, dodając po 1 żółtku. Na koniec dodać ser zmieszany z proszkiem do pieczenia, budyniem i rodzynkami. Z białek ubić pianę, lekko wymieszać z serem, wyłożyć na blaszkę i piec, po 30 minutach pieczenia wylać na ser pianę z kokosem.

Piana

Składniki:

4 białka,
15 dag cukru kryształu,
15 dag kokosu,
2 płaskie łyżki mąki ziemniaczanej,
1/2 łyżeczki proszku do pieczenia.

Wykonanie:

Białka ubić z cukrem na sztywną pianę, lekko wmieszać kokos z mąką i proszkiem do pieczenia. Wyłożyć pianę na podpieczony sernik i piec do uzyskania jasnobrązowego koloru.

Ciasto orzechowe

Składniki:

4 jajka,
10 dag cukru kryształu,
10 dag orzechów mielonych,
1 łyżka mąki pszennej,
1/2 łyżeczki proszku do pieczenia.

Wykonanie:

Białka ubić z cukrem, dodając żółtka, orzechy, mąkę i proszek do pieczenia. Ciasto upiec.

Krem

Wykonanie:

Z mleka, budyniu, mąki, żółtek, cukru ugotować budyń.
Masło utrzeć, dodając przestudzony budyń, na końcu wymieszać z pokrojonymi w kostkę brzoskwiniami.

Składniki:

3 szklanki mleka,
1 budyń śmietankowy,
4 żółtka,
4 łyżki cukru kryształu,
2 łyżki mąki ziemniaczanej,
1 kostka masła,
1 puszka brzoskwiń.

Przełożenie ciasta:

Ser z kokosem – 3/4 kremu – ciasto orzechowe – reszta kremu – wierzch: zetrzeć czekoladę lub przez sitko posypać kakao.

ROLADA WIŚNIOWA

Ciasto

Składniki:

4 białka,
3/4 szklanki cukru kryształu,
6 żółtek,
5 łyżek mąki ziemniaczanej,
5 łyżek mąki pszennej,
1 łyżka kakao,
1 łyżeczka proszku do pieczenia.

Wykonanie:

Ubić białka z cukrem, dodając żółtka, mąkę, proszek do pieczenia, kakao.
Piec ciasto w blaszce na pergaminie w temp. 200-225°C przez 8-10 min., ściereczkę posypać cukrem pudrem, wyłożyć ciasto, ściągnąć pergamin, nakryć lekko wilgotną ściereczką i zostawić do ostygnięcia.

Nadzienie rolady

Składniki:

3/4 tabliczki czekolady deserowej,
1/2 tabliczki czekolady białej,
1 słoik konfitury z wiśni,
1 łyżeczka żelatyny,
1 cukier waniliowy,
2 łyżki cukru kryształu,
1/2 litra śmietany kremówki.

Wykonanie:

Czekolady zetrzeć na wiórka, wiśnie odsączyć z syropu. Żelatynę rozpuścić w niewielkiej ilości wody, ciasto skropić sokiem z wiśni. Połowę śmietany ubić z 1 łyżką cukru, cukrem waniliowym, dodać żelatynę i rozprowadzić na cieście, na nim ułożyć wiśnie (20 ładniejszych wiśni zostawić do przybrania).
Ciasto zwinąć za pomocą ściereczki.
Resztę śmietany ubić z 1 łyżką cukru (można dodać 1 łyżeczkę żelatyny), podzielić na 2 części, jedną częścią posmarować roladę, posypać wiórkami czekoladowymi, drugą częścią udekorować – zrobić gwiazdki szprycą i ozdobić wiśniami.

RODZYNKOWIEC

Upiec 1 ciemny i 1 jasny biszkopt.

Masa

Wykonanie:

Z mleka, cukru, żółtek, mąki ugotować budyń. Masło utrzeć, dodać przestudzony budyń, masę podzielić na 2 części, do jednej dodać 1 łyżeczkę rozpuszczonej kawy.

Składniki:

1/2 litra mleka,
4-5 żółtek,
7 łyżek cukru kryształu,
1 łyżka mąki ziemniaczanej,
1 łyżka mąki pszennej,
25 dag masła,
1 łyżeczka rozpuszczalnej kawy.

Polewa

Wykonanie:

Rodzynki namoczyć w rumie przez noc. Rozpuścić w odrobinie mleka czekolady i dodać rodzynki bez rumu.

Składniki:

20 dag rodzynek,
1 duży kieliszek rumu,
2 czekolady mleczne,
słoik dżemu jasnego.

Przełożenie ciasta:

Biszkopt ciemny – dżem – masa ciemna – biszkopt jasny – masa jasna – polewa.

TORT KOKOSOWO-ORZECHOWY

Ciasto kruche

Składniki:

20 dag mąki pszennej,
10 dag margaryny,
8 dag cukru pudru,
3 żółtka,
1 łyżeczka proszku do pieczenia,
1-2 łyżki kwaśnej śmietany.

Wykonanie:

Mąkę posiekać nożem z margaryną, dodać pozostałe składniki, zagnieść kruche ciasto i upiec jeden placek.

Ciasto orzechowe

Składniki:

5 jajek,
10 dag orzechów mielonych,
10 dag orzechów krojonych,
10 dag cukru kryształu,
1 łyżeczka proszku do pieczenia,
3 łyżki bułki tartej.

Wykonanie:

Przygotować ciasto biszkoptowe i upiec.

Ciasto kokosowe

Składniki:

6 białek,
1 szklanka cukru kryształu,
20 dag kokosu,
1 płaska łyżeczka proszku do pieczenia.

Wykonanie:

Białka ubić z cukrem i lekko zmieszać z kokosem i proszkiem do pieczenia. Upiec.

Masa jabłkowa

Składniki:

1 kg jabłek,
1 galaretka,
1 łyżka masła.

Wykonanie:

Masło roztopić, dodając starte jabłka, chwilę smażyć, dodać suchą galaretkę, wymieszać i chwilę smażyć.

Przełożenie tortu:

Ciasto kruche – masa jabłkowa – ciasto orzechowe – masa dowolna (np. budyniowa) – ciasto kokosowe – polewa.

Szczypta duchowej strawy

Nie może być w naszych sercach wdzięczności, jeśli nie będzie w nich prawdziwej miłości Boga i bliźniego.

M. Franciszka Lechner

TORT ORZECHOWY Z WAFLEM

Składniki:

7 jajek,
20 dag cukru kryształu,
20 dag orzechów mielonych,
1 łyżka mąki pszennej,
1 łyżka bułki tartej,
1 łyżeczka proszku do pieczenia,
2 suche wafle.

CIASTO I

Wykonanie:

Białka ubić z cukrem, dodać żółtka, mąkę, bułkę tartą, proszek do pieczenia, orzechy. Ubite ciasto rozłożyć równo na suchych waflach, ułożyć na blaszkach i upiec 2 placki.

CIASTO II

Upiec cienki jasny biszkopt z 4 jajek.

Składniki:

1/2 litra mleka,
1/2 szklanki cukru,
1 bułka zwykła,
10 dag kokosu,
1 kostka masła.

MASA

Wykonanie:

Bułkę namoczyć w 1 szklance mleka, resztę mleka zagotować z cukrem, dodać kokos, gotować 10 min., cały czas mieszając. Do gotującego kokosu dodać bułkę i gotować 5 min., ciągle mieszając. Masło utrzeć i stopniowo po 1 łyżce dodawać przestudzoną masę kokosową. Podzielić na 2 części.

PRZEŁOŻENIE TORTU:

Ciasto z waflem – masa – biszkopt – masa – ciasto z waflem – polewa.

CIASTO Z CHAŁWĄ

Ciasto

Wykonanie:

Margarynę utrzeć z cukrem, dodawać żółtka, mąkę, proszek do pieczenia, amoniak. Ubić pianę z białek, wymieszać, ciasto podzielić na 2 części, do jednej dodać kakao.

Składniki:

7 jajek,
1 kostka margaryny,
1 szklanka cukru pudru,
2 szklanki mąki pszennej,
2 łyżeczki płaskie proszku do pieczenia,
1/2 łyżeczki amoniaku,
1 łyżka kakao.

Ciasto kokosowe

Wykonanie:

Białka ubić, dodając cukier i (na końcu) kokos, lekko wmieszać.

Składniki:

4 białka,
1/2 szklanki cukru kryształu,
10 dag kokosu.

Przełożenie ciasta:

Na blaszkę wyłożyć ciasto kakaowe – ciasto kokosowe – rozłożyć starte na tarce o dużych oczkach i odciśnięte jabłka, posypać cynamonem – ciasto białe. Upiec.

Składniki:

1 kg jabłek,
1 łyżeczka cynamonu.

Polewa

Wykonanie:

Mleko zagrzać z cukrem, dodać pokruszoną chałwę, wymieszać i polać ciasto.

Składniki:

1/2 szklanki cukru kryształu,
2-4 łyżki mleka,
20 dag chałwy (dowolny smak).

SŁODKA ARKADA

Składniki:

6 jajek,
1 kostka margaryny,
20 dag cukru pudru,
20 dag mąki pszennej,
2 łyżki kakao,
20 dag orzechów mielonych,
1 łyżeczka proszku do pieczenia,
1 paczka biszkoptów.

Składniki:

1/2 litra mleka,
2 budynie waniliowe lub śmietankowe,
1 kostka masła,
cukier do smaku.

Składniki:

2 suche wafle.

Ciasto

Wykonanie:

Margarynę utrzeć z cukrem, żółtkami, dodać mąkę, proszek do pieczenia, kakao, orzechy, z białek ubić pianę, lekko wymieszać. Ciasto podzielić na 2 części, pierwszą część ciasta wyłożyć na blaszkę, rozłożyć biszkopty, przykryć drugą połową i upiec.

Masa

Wykonanie:

Ugotować budyń, dodając cukier do smaku. Masło utrzeć i stopniowo łączyć z przestudzonym budyniem.

Przełożenie ciasta:

Wafel – masa – ciasto – masa – wafel.

SŁODKA ARKADA

Ciasto

Wykonanie:

Przygotować ciasto biszkoptowe i upiec.

Składniki:

5 jajek,
5 łyżek cukru kryształu,
5 łyżek mąki pszennej,
1 łyżeczka proszku do pieczenia.

Krem

Wykonanie:

Mleko z puszki zalać wodą i gotować 3 godziny, przestudzić. Masło utrzeć, dodając przestudzone mleko (kajmak), na końcu dodać bakalie.

Składniki:

1 kostka masła,
1 puszka mleka słodzonego,
20 dag bakalii.

Przełożenie ciasta:

Masę wyłożyć na biszkopt, herbatniki nasączyć rumem i ułożyć na masie. Wierzch przykryć polewą.

Składniki:

3-4 paczki herbatników szkolnych,
2 kieliszki rumu.

Szczypta duchowej strawy

Doskonała ufność w Bogu zdobywa niebo jak w locie!

M. Franciszka Lechner

MAZUREK MAKOWO-KOKOSOWY

Ciasto

Składniki:

10 białek,
1 szklanka cukru kryształu,
1/2 kostki margaryny,
1 szklanka mąki pszennej,
1 szklanka maku,
1/2 małego proszku do pieczenia.

Wykonanie:

Białka ubijać z cukrem i stopniowo dodawać rozpuszczoną (przestudzoną) margarynę, mąkę zmieszaną z proszkiem do pieczenia i wypłukany suchy mak. Ciasto piec ok. 30-40 min.

Masa

Składniki:

2 szklanki mleka,
1 kostka masła,
3 łyżki mąki pszennej,
8 łyżek kokosu,
1 żółtko,
1 szklanka cukru pudru.

Wykonanie:

Do jednej szklanki mleka dodać kokos, mąkę i wymieszać. Resztę mleka zagotować, wlać mleko z kokosem i mąką. Ugotować budyń. Masło utrzeć z cukrem pudrem, żółtkiem, dodać przestudzony budyń.

Upieczone ciasto przekroić i przełożyć masą. Wierzch przybrać dowolnie, np. lukrem z bakaliami.

Szczypta duchowej strawy

Słaba nadzieja zamyka źródło łask Bożych.
M. Franciszka Lechner

WANILIOWIEC

Ciasto

Wykonanie:

Margarynę z cukrem utrzeć, dodając żółtka, następnie resztę składników. Na końcu pianę z białek i lekko wmieszać. Upiec. Po upieczeniu ciasto przekroić na pół.

Składniki:

1 margaryna,
25 dag cukru pudru,
5 jajek,
3 dag kakao,
25 dag mąki pszennej,
5 dag mąki ziemniaczanej,
2 cukry waniliowe,
2 łyżeczki proszku do pieczenia.

Masa

Wykonanie:

Z mleka, cukru, mąki ugotować budyń. Masło ucierać, dodając przestudzony budyń.

Składniki:

1/2 litra mleka,
1/2 szklanki cukru kryształu,
1 cukier waniliowy,
2 łyżki mąki pszennej,
2 łyżki mąki ziemniaczanej,
1 kostka masła,
1 paczka dużych biszkoptów.

Przełożenie ciasta:

Ciasto – masa – biszkopty – masa – ciasto – polewa.

TORT ORZECHOWY

Ciasto

Składniki:

10 jajek,
10 łyżek cukru,
3 szklanki świeżo zmielonych orzechów włoskich,
2 czubate łyżki ciemnego kakao,
1 łyżka kawy mielonej,
2 płaskie łyżeczki proszku do pieczenia.

Wykonanie:

Białka ubić na sztywno z cukrem, dodać żółtka, kawę, kakao, proszek do pieczenia, a na końcu – delikatnie mieszając – orzechy. Ciasto wylać do dużej tortownicy wysmarowanej tłuszczem i posypanej bułką tartą, piec w temp. ok. 190°C.

Krem

Składniki:

3 jajka,
1/2 szklanki cukru kryształu,
1/2 szklanki wody,
2 łyżki kawy rozpuszczalnej,
3 kostki masła,
spirytus do smaku (może być brandy lub rum).

Wykonanie:

Jajka ubić na parze z cukrem na puszystą masę i ostudzić.
W 1/2 szklanki wody zaparzyć kawę rozpuszczalną i ostudzić (nie słodzić!).
Masło utrzeć na pianę i, powoli dodając masę jajeczną, ucierać dalej. Potem dodawać stopniowo rozpuszczoną kawę, a na końcu stopniowo wlewać spirytus.

Zimne ciasto przekroić na trzy części, posmarować kremem.

PIJAK

Ciasto

Wykonanie:

Mak i kokos wymieszać z proszkiem do pieczenia.
Białka ubić na pianę, dodać cukier i chwilę ubijać, wymieszać lekko kokos z makiem i proszkiem. Ciasto piec na złoty kolor ok. 15-20 min. w temp. 180°C.

Składniki:

6 białek,
15 dag kokosu,
10 dag maku sparzonego i wysuszonego (nie mielić),
15 dag cukru kryształu,
1 płaska łyżeczka proszku do pieczenia.

Masa

Wykonanie:

Z mleka, żółtek, cukru, budyniu, mąki ugotować budyń.
Masło utrzeć, dodając przestudzony budyń i spirytus.
Masę podzielić na 2 części.

Składniki:

6 żółtek,
1 budyń śmietankowy lub waniliowy,
1 łyżka mąki pszennej,
6 łyżek cukru kryształu,
1/2 litra mleka,
25 dag masła,
1 kieliszek spirytusu.

Przełożenie ciasta:

Ciasto – masa – pokrojone ananasy – masa – herbatniki namoczone w spirytusie – polewa.

Składniki:

1 puszka ananasów,
2-3 paczki herbatników,
spirytus.

BISZKOPT Z MAKIEM

Składniki:

4 jajka,
1 szklanka cukru kryształu,
4 łyżki oliwy,
1 szklanka mąki pszennej,
1 łyżeczka proszku do pieczenia.

Składniki:

1 i 1/2 szklanki maku,
3 jajka,
2 łyżki mąki ziemniaczanej,
3/4 szklanki cukru kryształu,
1 kostka margaryny,
olejek migdałowy.

Ciasto

Wykonanie:

Białka ubić z cukrem na sztywną pianę, dodać żółtka, mąkę, oliwę, proszek do pieczenia. Wlać do tortownicy i piec ok. 30 min.

Masa

Wykonanie:

Mak sparzyć i dwukrotnie przepuścić przez maszynkę, połączyć z mąką, cukrem, jajkami i olejkiem. Roztopić margarynę i, nie zdejmując z ognia, dodawać stopniowo mak. Gęstniejącą gorącą masą przełożyć ciasto (najlepiej jeżeli ciasto upieczone jest dzień wcześniej). Wierzch ciasta można polać polewą i posypać bakaliami.

BANANOWIEC (str. 119)

BANANOWIEC

Upiec jasny biszkopt.

Masa bananowo-jabłkowa

Wykonanie:

Z mleka, cukru, mąki ziemniaczanej, mąki pszennej ugotować bydyń i przestudzić. Banany zmiksować i połączyć z sokiem z cytryny. Masło utrzeć, dodając przestudzony budyń, zmiksowane banany, a na końcu jabłka starte na grubej tarce. Wymieszać.

Składniki:

25 dag masła,
2 łyżki cukru kryształu,
1/2 litra mleka,
2 łyżki mąki ziemniaczanej,
2 łyżki mąki pszennej,
3 banany,
4 średnie jabłka,
1 mała cytryna.

Zalewa na wierzch

Wykonanie:

Galaretki rozpuścić według przepisu na opakowaniu, banany obrać i pokroić w plasterki, skropić sokiem z cytryny.

Składniki:

2 galaretki zielone lub czerwone,
3-4 banany,
sok z 1 cytryny.

Przełożenie ciasta:

Na biszkopt wyłożyć masę bananowo-jabłkową, do masy lekko wcisnąć plasterki bananów i zalać tężejącą galaretką.

CIASTO ARCHITEKTA

Składniki:

1 litr mleka,
4 budynie waniliowe lub śmietankowe,
1 łyżka kakao,
2 kostki masła,
cukier do smaku.

Składniki:

50 dag serków homogenizowanych śmietankowych lub waniliowych,
2 galaretki czerwone,
3-4 banany,
1 cytryna.

Upiec biszkopt jasny – grubszy.
Upiec biszkopt ciemny – cieńszy i po upieczeniu wyciąć w nim kieliszkiem kółeczka.

Masa budyniowa

Wykonanie:

Z mleka, cukru, budyniu ugotować budyń i przestudzić. Masło utrzeć, dodając przestudzony budyń. Masę podzielić na 2 części, do jednej dodać kakao.

Masa serowa

Wykonanie:

Galaretkę rozpuścić w 1 i 1/2 szklanki wody, gdy zacznie tężeć, połączyć z serkami homogenizowanymi i wymieszać.
Banany obrać, pokroić w plastry o grubości biszkoptu ciemnego i skropić sokiem z cytryny.

Przełożenie ciasta:

Biszkopt jasny – masa ciemna – biszkopt ciemny z kółeczkami – w każde kółko włożyć kawałek banana – masa serowa – wcisnąć w masę serową ciemne kółeczka – masa jasna – na wierzch polewa.
Zamiast bananów można dać inne owoce, np. brzoskwinie z puszki.

PIERNIK

Wykonanie:

Margarynę utrzeć z cukrem pudrem, dodając stopniowo żółtka, cukier waniliowy, miód, karmel, mąkę z sodą, przyprawy, śmietanę. Z białek ubić pianę, lekko wymieszać. Ciasto upiec.

Po upieczeniu ciasto przekroić, przełożyć dowolną masą lub marmoladą.

Składniki:

1/2 kg mąki pszennej,
4 jajka,
karmel z 1 szklanki cukru kryształu, rozpuszczony w 1/2 szklanki wody,
1 szklanka cukru pudru,
1 kostka margaryny,
10 łyżek miodu płynnego,
1 przyprawa do piernika,
1 cukier waniliowy,
2 łyżeczki sody,
1/2 szklanki kwaśnej śmietany.

CIASTO ARCHITEKTA (str. 120)

CIASTO Z CZARNĄ PORZECZKĄ

Ciasto ciemne

Składniki:

8 jajek,
1 szklanka cukru kryształu,
2 płaskie łyżki kakao,
6 łyżek mąki pszennej,
2 płaskie łyżeczki proszku do pieczenia.

Wykonanie:

Białka ubić na sztywną pianę, dodając stopniowo cukier, żółtka, na końcu mąkę z proszkiem do pieczenia i kakao. Piec ciasto ok. 40 min. w temp. 170-180°C. Po upieczeniu ciasto przekroić na 2 części.

Ciasto jasne

Składniki:

4 jajka,
1/2 szklanki cukru kryształu,
3/4 szklanki mąki pszennej,
1 płaska łyżeczka proszku do pieczenia.

Wykonanie:

Białka ubić na sztywną pianę, dodając cukier, żółtka, mąkę z proszkiem do pieczenia. Piec ok. 25-30 min. w temp. 170°C.

Masa

Składniki:

5 żółtek,
1/2 litra słodkiego mleka,
2 łyżki mąki ziemniaczanej,
2 łyżki mąki pszennej,
1 cukier waniliowy,
3/4 szklanki cukru kryształu,
1 kostka masła,
1 litr kompotu z czarnej porzeczki.

Wykonanie:

W niewielkiej ilości mleka roztrzepać żółtka i obie mąki. Pozostałą część mleka zagotować z cukrem kryształem i cukrem waniliowym. Dodać roztrzepane żółtka z mąką i ugotować budyń. Utrzeć masło, dodając stopniowo przestudzony budyń.
Masę podzielić na 2 części.
Kompot przecedzić – oddzielić owoce od soku.

Przełożenie ciasta:

Ciasto ciemne nasączyć sokiem z porzeczek – nałożyć jedną część masy – na masę nałożyć połowę porzeczek – białe ciasto – druga część masy i na masę druga część porzeczek – nałożyć drugą część ciemnego placka nasączonego sokiem z porzeczek.

Uwaga:

Ciasta białego nie nasączamy sokiem.

Wierzch ciasta polać polewą i posypać wiórkami kokosowymi lub innymi bakaliami.

CIASTO Z CZARNĄ PORZECZKĄ

WIŚNIOWIEC

Ciasto

Składniki:

30 dag margaryny,
25 dag cukru pudru,
25 dag mąki pszennej,
6 jajek,
1 płaska łyżeczka proszku do pieczenia,
1 płaska łyżeczka amoniaku,
1 cukier waniliowy,
2 płaskie łyżki kakao,
1/2 szklanki orzechów mielonych.

Wykonanie:

Margarynę utrzeć z cukrem pudrem, dodając po 1 żółtku, cukier waniliowy, mąkę z proszkiem do pieczenia i amoniakiem. Na końcu dodać pianę z białek.
Ciasto podzielić na 3 części.
Jedna część biała – do drugiej dodać kakao – do trzeciej orzechy.
Każde ciasto piec osobno.

Masa wiśniowa

Składniki:

1 litrowy słoik kompotu z wiśni,
2 galaretki wiśniowe.

Wykonanie:

Kompot przecedzić, wiśnie wydrylować, kompot uzupełnić wodą do 3/4 wysokości słoika, zagotować i rozpuścić galaretki wiśniowe. Gdy galaretki zaczną tężeć, dodać wydrylowane wiśnie i wymieszać.

Masa cytrynowa

Składniki:

1 opakowanie śmietany „Śnieżki",
1/2 szklanki słodkiego mleka,
1 galaretka cytrynowa.

Wykonanie:

Śmietanę „Śnieżkę" ubić z mlekiem, dodać tężejącą galaretkę cytrynową (rozpuszczoną w 1/2 szklanki wody).

Przełożenie placka:

Placek jasny – masa wiśniowa – placek orzechowy – masa cytrynowa – placek kakaowy – polewa.

PLACEK ORZECHOWY NA WAFLU (str. 127

ŚNIEGOWIEC

Składniki:

8 jajek,
10 dag cukru kryształu,
15 dag mąki pszennej,
1 łyżka kakao,
1 łyżeczka proszku do pieczenia.

Ciasto

Wykonanie:

Białka ubić z cukrem, dodać żółtka, mąkę z proszkiem do pieczenia i kakao. Ciasto upiec – przekroić na 2 placki.

Składniki:

5 żółtek,
10 dag cukru kryształu,
3 łyżki mąki ziemniaczanej,
1/2 litra mleka,
1 kostka masła.

Krem

Wykonanie:

Połowę mleka zagotować, w drugiej połowie rozbić żółtka, mąkę, cukier, połączyć z gotującym mlekiem i zagotować. Masło utrzeć, dodając przestudzony budyń (można do masy dodać bakalie, np. rodzynki).

Składniki:

5 białek,
20 dag cukru kryształu,
sok z dużej cytryny.

Pianka

Wykonanie:

Białka ubić z cukrem (można dodać płaską łyżeczkę żelatyny), wstawić do garnka z wodą i ubijać na parze, dodać sok z cytryny. Gdy będą dobrze ubite, zdjąć z pary i ubijać aż do ostygnięcia.

Przełożenie ciasta:

Ciasto – krem – ciasto – pianka – dekoracja według uznania.

PLACEK ORZECHOWY NA WAFLU

Ciasto I

Wykonanie:

Z białek ubić pianę, dodając cukier, miód, resztę składników i upiec biszkopt.

Składniki:

25 dag orzechów mielonych,
20 dag cukru kryształu,
7 białek,
1 łyżka miodu płynnego,
1 łyżeczka proszku do pieczenia,
1 łyżka bułki tartej,
2 łyżki mąki pszennej.

Ciasto II

Upiec jasny biszkopt.

Masa

Wykonanie:

Cukier, kakao, wodę gotować ok. 5 min. i przestudzić. Masło utrzeć z żółtkami, dodać przestudzoną masę kakaową. Masę podzielić na 3 części.

Składniki:

1/2 szklanki cukru kryształu,
1/2 szklanki wody,
3 łyżki kakao,
2 kostki masła,
5 żółtek,
2 suche wafle.

Przełożenie placka:

1 wafel – masa – biszkopt jasny – masa – ciasto orzechowe – masa – wafel. (Jeżeli mamy ciasto większe od wafli, można dołożyć jeszcze jeden wafel i zrównać z ciastem).

PLEŚNIACZEK

Ciasto I

Upiec biszkopt jasny.

Ciasto II

Upiec biszkopt jasny, dodając odrobinę mniej mąki, a uzupełnić 1/2 szklanki suchego maku.

Masa orzechowa

Składniki:

4 białka,
1 szklanka cukru pudru,
20 dag mielonych orzechów.

Wykonanie:

Białka ubić, dodać cukier, orzechy, lekko zamieszać, zagotować i odstawić.

Masa kakaowa

Składniki:

4 żółtka,
1 szklanka cukru kryształu,
1 cukier waniliowy,
2 łyżki kakao,
1/2 szklanki wody,
2 kostki masła.

Wykonanie:

Cukier, cukier waniliowy, kakao, wodę – zagotować, gdy zacznie gęstnieć, odstawić i przestudzić. Masło utrzeć z żółtkami, dodać przestudzoną masę kakaową. Masę podzielić na 4 części.

Przełożenie ciasta:

Składniki:

4 suche wafle.

Na spód wafel – masa – biszkopt jasny – masa kakaowa – wafel – masa orzechowa – wafel – masa kakaowa – biszkopt z makiem – masa kakaowa – wafel.

PIERNIK MIODOWY

Wykonanie:

Margarynę utrzeć z cukrem, dodając po jednym żółtku, miód płynny, obie mąki zmieszane z sodą, przyprawą.

Na końcu z białek ubić pianę i lekko wmieszać.

Ciasto piec ok. 40 min. w temp. 170°C.

Po upieczeniu można ciasto przekroić, posmarować powidłami lub białą masą.

Składniki:

6 jajek,
1 szklanka cukru pudru,
25 dag miodu sztucznego,
1 przyprawa do piernika,
1 łyżeczka sody,
1 kostka margaryny,
1 i 1/2 szklanki mąki pszennej,
1 szklanka mąki żytniej.

PLEŚNIACZEK (str. 128)

SZARLOTKA Z AJERKONIAKIEM

Ciasto

Składniki:

40 dag mąki pszennej,
20 dag margaryny,
20 dag cukru pudru,
4 żółtka,
1 i 1/2 łyżeczki proszku do pieczenia,
1 cukier waniliowy,
1 i 1/2 łyżki kwaśnej śmietany.

Wykonanie:

Mąkę, proszek do pieczenia i margarynę posiekać nożem. Żółtka, cukier, cukier waniliowy i śmietanę dobrze ubić. Dodać do mąki z margaryną i wyrobić ciasto.

Masa jabłkowa

Składniki:

1 kg szarej renety.

Wykonanie:

Jabłka obrać, przekroić na połówki, wyciąć gniazdka nasienne.

Masa budyniowa

Składniki:

2 szklanki białego wina,
2 szklanki soku jabłkowego z kartonika,
3-4 jasne budynie bez cukru.

Wykonanie:

Na soku jabłkowym i winie ugotować budynie.

Przygotowanie ciasta:

Tortownicę posmarować tłuszczem (koniecznie musi być tortownica, aby łatwo wyjąć ciasto). Ciastem dokładnie wyłożyć dno i całe boki tortownicy, ułożyć połówki

renety, wolne miejsca przykryć pokrojonymi jabłkami, zalać jabłka gorącym budyniem i upiec ciasto.
Wierzch przykryć masą śmietanową (najlepiej na drugi dzień po upieczeniu).

Masa śmietanowa

Wykonanie:

Śmietanę ubić, dodać cukier do smaku oraz rozpuszczoną żelatynę. Masę równo rozłożyć na upieczonym cieście. Przybrać wierzch brzoskwiniami.
Przed podaniem, każdą porcję polać ajerkoniakiem.

Składniki:

1/2 litra śmietany kremówki,
cukier do smaku,
1 puszka brzoskwiń,
1 szklanka ajerkoniaku,
2-3 łyżeczki żelatyny.

PRZEKŁADANIEC BRZOSKWINIOWY (str. 133)

RAJSKA SZARLOTKA

MASA JABŁKOWA

Składniki:

1/2 kg jabłek.

Wykonanie:

Jabłka obrać i pokroić w plasterki.

POLEWA BEZOWO-CYNAMONOWA

Składniki:

1/2 szklanki cukru kryształu,
2 białka,
2 łyżeczki cynamonu.

Wykonanie:

Białka ubić z cukrem, dodać cynamon.

CIASTO

Składniki:

1 szklanka mąki pszennej,
1/2 szklanki cukru kryształu,
2 jajka,
1/2 kostki margaryny,
1 łyżeczka proszku do pieczenia,
1 cukier waniliowy.

Wykonanie:

Ubić białka z cukrem, cukrem waniliowym, dodać żółtka, stopniowo dosypywać mąkę z proszkiem do pieczenia, na końcu wlać roztopioną margarynę.
Ciasto wylać do wysmarowanej tłuszczem tortownicy, na wierzchu ułożyć plasterki jabłek i polać polewą bezowo-cynamonową. Piec ok. 30-40 min. w temp. 170°C.

SZCZYPTA DUCHOWEJ STRAWY

Opatrzność Boża podejmuje takie działania, jakie dla danej duszy są najlepsze.

M. Franciszka Lechner

PRZEKŁADANIEC BRZOSKWINIOWY

Biszkopt

Wykonanie:

Białka ubić, dodając cukier, żółtka, mąkę z proszkiem do pieczenia.
Piec ok. 30-40 min. w temp. 170°C.

Składniki:

6 jajek,
1 szklanka cukru kryształu,
1 szklanka mąki pszennej,
1 łyżeczka proszku do pieczenia.

Masa

Wykonanie:

Żelatynę rozpuścić w niewielkiej ilości przegotowanej wody. Brzoskwinie zmiksować wraz z sokiem na jednolitą masę, dodać połowę rozpuszczonej żelatyny, wymieszać i tężejącą masę wylać na biszkopt, wstawić do lodówki. Jogurt połączyć z cukrem, roztrzepać, dodać drugą połowę rozpuszczonej żelatyny i wylać na masę brzoskwiniową.
Herbatniki ułożyć na tężejącej masie jogurtowej. Herbatniki można nasączyć spirytusem. Zamiast herbatników na masę jogurtową można wylać tężejącą galaretkę. Wierzch ozdobić polewą czekoladową.

Składniki:

6 dag żelatyny,
4 łyżki cukru kryształu,
1 litr naturalnego jogurtu,
1 puszka brzoskwiń,
herbatniki.

MIGDAŁKI CYNAMONOWE

Składniki:

3 i 1/2 szklanki mąki pszennej,
2 jajka,
3 łyżki płynnego miodu,
2 łyżeczki sody,
3 łyżki gęstej śmietany,
1/2 szklanki cukru kryształu,
2 łyżki oliwy,
10 dag margaryny,
1/2 łyżeczki cynamonu.

Ciasto

Wykonanie:

Ze składników zagnieść ciasto, wstawić na chwilę do lodówki. W średniej tortownicy upiec 9 lub 10 cienkich placków.

Składniki:

1 kostka masła,
3/4 szklanki cukru kryształu,
1 żółtko,
1 litr słodkiego mleka,
12 łyżek kaszy manny,
olejek waniliowy,
powidła śliwkowe.

Masa

Wykonanie:

Na mleku ugotować kaszę mannę i przestudzić. Masło utrzeć z cukrem, dodać żółtko, kaszę, olejek.

Przełożenie placka:

Ciasto przekładać na przemian: masa i powidła. Wierzch polać polewą.

CIASTO Z OWOCAMI

Biszkopt

Wykonanie:

Białka ubić z cukrem, dodając żółtka, mąkę z proszkiem do pieczenia.
Piec ok. 25-30 min. w temp. 150°C.

Składniki:

4 jajka,
4 łyżki mąki pszennej,
4 łyżki cukru kryształu,
1/2 łyżeczki proszku do pieczenia.

Masa

Wykonanie:

W połowie mleka roztrzepać żółtka i mąkę, resztę mleka zagotować z cukrem, cukrem waniliowym i ugotować z roztrzepanej mąki budyń. Przestudzić.
Masło utrzeć, dodając przestudzony budyń.
Masę podzielić na 2 części.
2 galaretki rozpuścić według przepisu na opakowaniu.

Składniki:

1/2 litra słodkiego mleka,
4 żółtka,
1 duża łyżka mąki ziemniaczanej,
1 łyżka mąki pszennej,
1 szklanka cukru kryształu,
1 cukier waniliowy,
1 kostka masła,
2 galaretki,
owoce mrożone, np: maliny, jagody.

Przełożenie ciasta:

Na biszkopt nałożyć jedną część masy – owoce – masa – owoce i zalać tężejącą galaretką.

PLACEK KOLOROWY

Ciasto różowe

Składniki:

5 jajek,
25 dag cukru pudru,
15 dag margaryny,
15 dag mąki pszennej,
1 łyżeczka proszku do pieczenia,
2 kisiele wiśniowe.

Wykonanie:

Margarynę utrzeć z cukrem, dodając stopniowo żółtka, mąkę z proszkiem do pieczenia i kisielem. Na końcu ubić pianę z białek i lekko wymieszać.
Upiec 2 placki lub jeden i po upieczeniu przekroić.

Ciasto piegowate

Składniki:

1/2 szklanki suchego maku.

Wykonanie:

Przygotować ciasto wg przepisu ze str. 90 (biszkopt jasny), dodając 1/2 szklanki suchego maku.
Po upieczeniu przekroić na 2 części.

Masa

Składniki:

5 żółtek,
18 dag cukru pudru,
1/2 litra słodkiego mleka,
1 budyń waniliowy lub śmietankowy,
2 płaskie łyżki mąki ziemniaczanej,
1 i 1/2 kostki masła,
1 mały słoik powideł śliwkowych,
1 puszka brzoskwiń.

Wykonanie:

Z mleka, cukru, żółtek, budyniu, mąki ugotować budyń i przestudzić.
Masło utrzeć, dodając przestudzony budyń.
Brzoskwinie pokroić w drobną kostkę.

Przełożenie placka:

Ciasto różowe – masa – brzoskwinie – ciasto piegowate – powidła – masa – ciasto różowe – masa – brzoskwinie – ciasto piegowate. Na wierzch polewa.

Szczypta duchowej strawy

Im większa jest nasza ufność, tym szybciej zbliżamy się do doskonałości.

M. Franciszka Lechner

CIASTO SEROWO-ORZECHOWE

Sernik

Składniki:

60 dag zmielonego białego sera,
30 dag cukru pudru,
6 jajek,
1 budyń waniliowy lub śmietankowy,
1/2 kostki margaryny,
1/2 łyżeczki proszku do pieczenia.

Wykonanie:

Margarynę utrzeć, dodając stopniowo żółtka, cukier, ser z budyniem i proszkiem. Z białek ubić pianę, lekko wymieszać. Sernik piec ok. 40 min. w temp. 170°C.

Ciasto orzechowe

Składniki:

6 jajek,
10 dag orzechów krojonych,
1 szklanka cukru kryształu,
1/2 kostki margaryny,
1/2 szklanki mąki pszennej,
1/2 szklanki mąki ziemniaczanej,
1 płaska łyżeczka proszku do pieczenia.

Wykonanie:

Białka ubić, dodać cukier, żółtka, mąkę pszenną i ziemniaczaną, orzechy, roztopioną, ostudzoną margarynę, proszek do pieczenia. Upiec 2 placki lub jeden i przekroić.

Masa

Składniki:

1 kostka masła,
cukier puder do smaku,
1 szklanka kwaśnej śmietany.

Wykonanie:

Masło utrzeć z cukrem, dodając po łyżce śmietany.

PRZEŁOŻENIE CIASTA:

Ciasto orzechowe – masa – sernik – masa – ciasto orzechowe.

SZCZYPTA DUCHOWEJ STRAWY

Z każdej udzielonej nam łaski będziemy musieli zdać Bogu ścisły rachunek; Bóg od tych, którym wiele dał, wiele też zażąda.

M. Franciszka Lechner

ROLADA Z MASĄ ORZECHOWĄ

Ciasto

Składniki:

20 dag mąki pszennej,
10 dag cukru pudru,
2 żółtka,
10 dag margaryny,
2 łyżki kwaśnej śmietany,
1 łyżeczka proszku do pieczenia.

Wykonanie:

Mąkę z proszkiem do pieczenia, margarynę posiekać nożem, dodać roztrzepane żółtka z cukrem i śmietaną, zagnieść ciasto.

Masa orzechowa

Składniki:

10 dag orzechów mielonych,
2 białka,
5 dag cukru kryształu.

Wykonanie:

Z białek i cukru ubić pianę na sztywno, dodać orzechy.
Ciasto rozwałkować, posmarować masą orzechową, zrolować.
Po upieczeniu posypać cukrem pudrem.

Szczypta duchowej strawy

Miłość Boża uszlachetnia najdrobniejszą posługę i tego, kto ją spełnia.

M. Franciszka Lechner

ANANASEK

Ciasto

Wykonanie:

Białka ubić na sztywno, dodać cukier, mak, kokos, lekko wymieszać i wyłożyć na blaszkę wyłożoną pergaminem.
Piec ok. 10-15 min. w temp. 180°C.

Składniki:

5 białek,
20 dag cukru kryształu,
20 dag sparzonego i zmielonego maku,
20 dag kokosu,
1 łyżeczka proszku do pieczenia.

Masa

Wykonanie:

2 galaretki cytrynowe rozpuścić w 1 szklance wody. 2 galaretki czerwone rozpuścić według przepisu na opakowaniu.
W odrobinie mleka roztrzepać żółtka i budyń, resztę mleka zagotować – połączyć i ugotować budyń. Masło utrzeć, dodając przestudzony budyń i tężejącą cytrynową galaretkę. Masę podzielić na 2 części.

Składniki:

1 puszka ananasów,
2 paczki delicji,
2 galaretki cytrynowe,
2 galaretki czerwone,
5 żółtek,
1 kostka masła,
1 budyń śmietankowy,
1/2 litra słodkiego mleka.

Przełożenie ciasta:

Ciasto – jedna część masy – ułożyć ananasy – druga część masy – ułożyć delicje – zalać tężejącą czerwoną galaretką.

SERNIK NATALIA

Składniki:

30 dag mąki pszennej,
20 dag margaryny,
2 żółtka,
1/2 szklanki cukru pudru,
2 łyżki kwaśnej śmietany,
2 płaskie łyżeczki proszku do pieczenia.

CIASTO KRUCHE

Wykonanie:

Mąkę, margarynę posiekać nożem aż do połączenia się składników, dodać żółtka, cukier, śmietanę, proszek do pieczenia, zarobić ciasto, schłodzić w lodówce przez 1 godz. Zimne ciasto podzielić na 2 części i upiec 2 placki.

Składniki:

60 dag sera zmielonego,
20 dag orzechów mielonych,
1 szklanka cukru kryształu,
5 jajek,
2 łyżki budyniu śmietankowego lub waniliowego,
1/2 kostki margaryny.

SERNIK

Wykonanie:

Margarynę ucierać powoli, dodając cukier, żółtka, ser, orzechy, budyń. Białka ubić na sztywno ze szczyptą soli, połączyć z masą serową, lekko wymieszać.
Piec ok. 40-50 min. w temp. 170°C.

Składniki:

1 kostka masła,
2 jajka,
3/4 szklanki cukru kryształu,
2 łyżki kawy „Inki”,
1 kieliszek spirytusu,
1 słoik powideł.

MASA KAWOWA

Wykonanie:

Kawę rozpuścić w 1/4 szklanki gorącej wody i przestudzić. Jajka i cukier ubić na parze na puszystą masę. Masło utrzeć na krem, dodać przestudzoną masę jajeczną, kawę i spirytus.

Przełożenie ciasta:

Ciasto kruche – powidła – sernik – masa kawowa – ciasto kruche – na wierzch polewa.

SERNIK NATALIA

SERNIK Z MAKIEM

Ciasto

Składniki:

3 szklanki mąki pszennej,
1 kostka margaryny,
3 łyżki cukru pudru,
5 żółtek,
2 łyżeczki proszku do pieczenia,
2 łyżki kwaśnej śmietany.

Wykonanie:

Margarynę z mąką posiekać nożem, dodać cukier, żółtka, proszek do pieczenia, śmietanę, zarobić ciasto i podzielić na 2 części: większą – wyłożyć brytfankę, mniejszą – zamrozić.

Ser

Składniki:

60 dag zmielonego białego sera,
25 dag cukru pudru,
1 łyżka mąki ziemniaczanej,
6 jajek,
1 łyżeczka proszku do pieczenia,
15 dag margaryny.

Wykonanie:

Margarynę utrzeć z cukrem, dodając żółtka, zmielony ser, proszek do pieczenia, mąkę ziemniaczaną. Z białek ubić pianę i lekko wymieszać z serem.

Piana

Składniki:

5 białek,
1 szklanka cukru kryształu,
1/2 szklanki suchego maku.

Wykonanie:

Białka ubić na sztywno, dodać cukier i mak.

Przygotowanie ciasta:

Na brytfankę rozłożyć większą część ciasta – na ciasto ser – pianka z makiem – zetrzeć ciasto mrożone.
Piec ok. 1 godz. w temp. 180°C.

MANDARYNKA

Biszkopt

Wykonanie:

Białka ubić, dodając cukier, żółtka, proszek do pieczenia z mąką.
Piec ok. 30 min. w temp. 170°C.

Składniki:

6 jajek,
1 szklanka cukru kryształu,
1 szklanka mąki pszennej,
1 łyżeczka proszku do pieczenia.

Masa jabłkowa

Wykonanie:

Jabłka obrać, zetrzeć na tarce o grubych oczkach, masło roztopić, dodać jabłka i chwilę smażyć. Gdy jabłka będą rozprażone, dodać suche galaretki i jeszcze chwilę smażyć, ciągle mieszając.

Składniki:

1 i 1/2 kg jabłek,
2 galaretki czerwone,
1 łyżka masła.

Masa orzechowa

Wykonanie:

Mleko, cukier zagotować, dodać orzechy, wymieszać i przestudzić. Masło utrzeć, dodając przestudzone orzechy. Mandarynki obrać i rozłożyć na cząstki. Galaretki rozpuścić według przepisu na opakowaniu.

Składniki:

1 szklanka słodkiego mleka,
1/2 szklanki cukru kryształu,
20 dag mielonych orzechów,
1 kostka masła,
1/2 kg mandarynek,
2 galaretki.

Przełożenie placka:

Biszkopt – masa jabłkowa – masa orzechowa – cząstki mandarynek – zalać tężejącą galaretką.

SERNIK KALIFORNIJSKI

Składniki:

30 dag mąki pszennej,
15 dag margaryny,
10 dag cukru kryształu,
4 żółtka,
1 łyżeczka proszku do pieczenia,
odrobina amoniaku,
2-3 łyżki kwaśnej śmietany.

Ciasto

Wykonanie:

Mąkę z margaryną posiekać nożem, dodać utarte żółtka z cukrem, proszek do pieczenia, amoniak, śmietanę i zarobić ciasto.

Składniki:

1 kg zmielonego sera,
1 kostka margaryny,
30 dag cukru kryształu,
8 jajek,
1 budyń śmietankowy lub waniliowy.

Masa serowa

Wykonanie:

Margarynę utrzeć z cukrem, dodając żółtka, ser, budyń. Z białek ubić pianę i lekko wymieszać z serem.

Składniki:

18 dag masła,
25 dag mąki pszennej,
13 dag cukru kryształu.

Kruszonka

Wykonanie:

Ze składników kruszonki zagnieść ciasto.

Składniki:

5 dag pokruszonych płatków migdałowych
1/2 łyżeczki cynamonu
75 dag śliwek kalifornijskich pokrojonych w drobną kostkę.

Składanie ciasta:

Spód brytfanki wyłożyć kruchym ciastem – posypać cynamonem, migdałami – połowa śliwek – masa serowa – reszta śliwek. Piec ok. 60-70 min. w temp. 170°C. Na 30 minut przed końcem pieczenia posypać kruszonką.

SZARLOTKA

Ciasto

Składniki:

70 dag mąki pszennej,
1 szklanka cukru pudru,
1/2 kostki margaryny,
1 proszek do pieczenia,
5 jajek,
1 cukier waniliowy.

Wykonanie:

Mąkę i margarynę posiekać nożem, dodać proszek do pieczenia.
Cukier, cukier waniliowy roztrzepać z jajkami, połączyć z mąką, wyrobić ciasto i podzielić na 2 części.

Masa jabłkowa

Składniki:

1 i 1/2 kg jabłek antonówek lub szara reneta,
1/2 szklanki wody,
1 szklanka cukru kryształu,
1 cukier waniliowy,
1 łyżka kaszy manny.

Wykonanie:

Jabłka obrać, pokroić w plastry, dodać wodę, cukier, cukier waniliowy i kaszę mannę. Smażyć ok. 20 min., ciągle mieszając. Przestudzić.

Na brytfankę, wyłożoną papierem i posmarowaną tłuszczem, wyłożyć jedną część ciasta, przykrywając dno i boki brytfanki, następnie nałożyć masę jabłkową, przykryć drugą częścią ciasta. Piec ok. 1 godz. w temp. 180°C. Po upieczeniu posypać cukrem pudrem.

Szczypta duchowej strawy

Niebo – jest warte wszystkiego!

M. Franciszka Lechner

RAFAELLO MIGDAŁOWE

Składniki:

9 jajek,
1 i 1/2 szklanki cukru kryształu,
1 i 1/2 szklanki mąki pszennej,
1 i 1/2 łyżeczki proszku do pieczenia.

Biszkopt

Wykonanie:

Białka ubić na sztywno, dodać cukier, żółtka, mąkę z proszkiem do pieczenia.
Upiec 2 placki lub jeden i przekroić po upieczeniu.

Składniki:

1/2 litra słodkiego mleka,
cukier do smaku,
2 budynie śmietankowe,
10 dag kokosu,
10 dag płatków migdałowych,
1 szklanka ajerkoniaku,
1 i 1/2 kostki masła.

Masa

Wykonanie:

Z mleka, cukru, budyniu ugotować budyń i przestudzić.
Masło utrzeć, dodając przestudzony budyń i szklankę ajerkoniaku. Masę podzielić na 2 części: do jednej dodać kokos, do drugiej płatki migdałowe.

Składniki:

10 dag kokosu,
1 łyżka masła,
1 łyżka cukru,
olejek śmietankowy lub waniliowy do smaku.

Kokos

Wykonanie:

Kokos wymieszać ze składnikami i usmażyć na złoty kolor.

Przełożenie ciasta:

Biszkopt – masa kokosowa – biszkopt – masa migdałowa – kokos smażony.

RAFAELLO ŚNIEGOWE

Biszkopt

Wykonanie:

Białka ubić na sztywno, dodać cukier kryształ, cukier waniliowy, żółtka, mąkę z proszkiem.
Upiec 2 placki lub jeden i przekroić na pół po upieczeniu.

Składniki:

9 jajek,
1 szklanka cukru kryształu,
1 cukier waniliowy.
1 i 1/2 szklanki mąki pszennej,
1 i 1/2 łyżeczki proszku do pieczenia.

Masa

Wykonanie:

Ubić śmietanę ze „Śnieżką", dodać kokos, rozpuszczoną i przestudzoną białą czekoladę (można dodać ajerkoniaku).

Biszkopty skropić spirytusem i przełożyć masą. Wierzch ozdobić niewielką ilością masy i posypać kokosem.

Składniki:

1/2 litra śmietany kremówki,
2 śmietany „Śnieżki",
20 dag kokosu,
2 białe czekolady,
1 szklanka ajerkoniaku,
spirytus.

Szczypta duchowej strawy

Dla tych, co służą Bogu w miłości, żadna ofiara nie jest zbyt wielka, żaden trud zbyt ciężki.

M. Franciszka Lechner

PIANKA Z GALARETKĄ

Składniki:

4 jajka,
1/2 szklanki cukru kryształu,
1/2 szklanki mąki pszennej,
1 kisiel wiśniowy,
1/2 łyżeczki proszku do pieczenia.

BISZKOPT

Wykonanie:

Białka ubić na sztywno, dodać cukier, żółtka, mąkę z proszkiem do pieczenia, kisiel. Piec ciasto około 25 min. w temp. 170°C. Po upieczeniu pozostawić na blaszce.

PIANKA

Składniki:

8 jajek,
16 łyżek cukru kryształu,
7 łyżek żelatyny,
1 kostka masła,
2 szklanki wody,
2 cukry waniliowe,
2 łyżki kakao.

I WARSTWA PIANKI

Wykonanie:

7 żółtek i 1 całe jajko ubić z 8 łyżkami cukru na sztywną masę, dodać letnią masę z żelatyny, wymieszać i wylać na różowy biszkopt. Wstawić do lodówki.

MASA ŻELATYNOWA

Składniki:

1/2 kostki masła,
1 szklanka wody,
3 łyżki żelatyny,
1 cukier waniliowy.

Wykonanie:

Składniki wymieszać, zagotować i przestudzić.

VARSTWA PIANKI

'konanie:

ıbić z 8 łyżkami cukru na sztyw-
ia' , dodać masę z żelatyny, podzielić
ści, do jednej dodać 2 łyżki kakao
ıa ıa żółtą pianę. Na brązową piankę
ankę białą.

1ASA ŻELATYNOWA

Vykonanie:

iki wymieszać, zagotować i przestu-

Składniki:

1/2 kostki masła,
1 szklanka wody,
4 łyżki żelatyny,
1 cukier waniliowy.

WYKOŃCZENIE PLACKA:

Galaretki rozpuścić według przepisu. Na białej piance ułożyć brzoskwinie i zalać tężejącą galaretką.

Składniki:

1 puszka brzoskwiń,
2 galaretki.

SZCZYPTA DUCHOWEJ STRAWY

Prawdziwa dobroć nadaje człowiekowi szczególny rys szlachetności i godności.

M. Franciszka Lechner

PIERNIK BENEDYKTA

Składniki:

3 jajka,
1 szklanka cukru pudru,
3 szklanki mąki pszennej,
20 dag miodu,
1 szklanka kwaśnej śmietany,
20 dag margaryny,
1 łyżeczka sody,
1 przyprawa do piernika,
1 łyżka kakao,
bakalie,
2 łyżki zimnej wody.

Wykonanie:

Margarynę ucierać z cukrem, dodając po jednym żółtku, rozpuszczony miód, śmietanę, wodę, przyprawę, mąkę z sodą, kakao i bakalie. Na końcu dodać pianę z białek i lekko wymieszać.
Ciasto piec ok. 40 min. w temp. 170°C.

SERNIK ANASTAZJI

Ciasto

Wykonanie:

Mąkę z tłuszczem posiekać, dodać cukier roztrzepany z jajkami, proszek do pieczenia, sól, wyrobić ciasto, wstawić do lodówki na 1/2 godz. Ciasto podzielić na 3 części i upiec oddzielnie na złoty kolor.

Składniki:

4 szklanki mąki pszennej,
10 dag smalcu,
10 dag margaryny,
4 jajka,
1 szklanka cukru pudru,
2 łyżeczki proszku do pieczenia,
kwaśna śmietana (tyle, ile zabierze ciasto),
szczypta soli.

Masa serowa

Wykonanie:

Do sera dodać masło, jajka, cukier, cukier waniliowy, dobrze wymieszać, podgrzewać ciągle mieszając, aż masa będzie lejąca. Następnie dodać roztrzepaną w mleku mąkę lub budyń, wymieszać i zagotować.
Masą przekładać placki, a wierzch ozdobić polewą.

Składniki:

1 kg zmielonego białego sera,
2 łyżki mąki ziemniaczanej lub jeden budyń,
1/2 szklanki mleka,
3 jajka,
ok. 1 szklanki cukru kryształu,
1/2 kostki masła,
1 cukier waniliowy.

MARCYPANEK

Ciasto (mała blaszka)

Składniki:

50 dag mąki pszennej,
20 dag cukru kryształu,
25 dag margaryny,
3 żółtka,
2 jajka,
1/2 opakowania proszku do pieczenia.

Wykonanie:

Mąkę z margaryną posiekać nożem, dodając roztrzepany z jajkami cukier i proszek do pieczenia. Zarobić ciasto i podzielić na 4 części.

Placek makowy

Składniki:

1 i 1/2 szklanki zmielonego i sparzonego maku,
5 dag marmolady,
5 dag rodzynek,
20 dag cukru kryształu,
2 łyżki masła,
1 cukier waniliowy,
5 jajek,
orzechy krojone (niewielka ilość),
2 łyżki miodu.

Wykonanie:

Masło roztopić, dodać mak, miód, cukier, rodzynki, orzechy, marmoladę, żółtka, wymieszać, z białek ubić pianę i lekko połączyć z makiem.
Jedną część ciasta wyłożyć na blaszkę, rozłożyć masę makową, przykryć drugą połową ciasta i upiec.

Placek jabłkowy

Składniki:

1 kg jabłek,
1 łyżka masła,
2 galaretki cytrynowe.

Wykonanie:

Jabłka obrać, zetrzeć na tarce o grubych oczkach, masło roztopić, dodać jabłka. Do rozprażonych jabłek dodać suchą galaretkę i dobrze wymieszać.

Jedną część ciasta rozłożyć na blaszce, rozłożyć masę jabłkową, przykryć drugą połową ciasta i upiec.

Masa orzechowa

Składniki:

20 dag orzechów mielonych,
1/2 szklanki cukru kryształu,
1/2 szklanki mleka,
1 kostka masła.

Wykonanie:

Mleko zagotować z cukrem, dodać orzechy, wymieszać i przestudzić.
Masło utrzeć, dodać przestudzone orzechy.

Przełożenie placka:

Placek makowy – masa orzechowa – placek jabłkowy – polewa.

Szczypta duchowej strawy

Wychwalajcie Miłosierdzie Boskiego Serca Jezusa i Jego Świętej Matki, bowiem Pan uczynił nam wielkie rzeczy.

M. Franciszka Lechner

KOLOROWE OCZY

I – upiec biszkopt kakaowy.
II – upiec biszkopt jasny z 4 jajek, posmarować powidłami, zwinąć roladę i pokroić na krążki.

Masa

Składniki:

1/2 litra mleka,
4 żółtka,
2 łyżki mąki ziemniaczanej,
1 szklanka cukru kryształu,
1 cukier waniliowy,
1 kostka masła,
1 łyżka mąki pszennej.

Wykonanie:

W 1/2 szklanki mleka roztrzepać żółtka, obie mąki, resztę mleka zagotować, dodając cukier kryształ i cukier waniliowy. Następnie dodać roztrzepane żółtka z mąką i ugotować budyń. Masło utrzeć, dodając przestudzony budyń. Masę podzielić na 2 części.

Przełożenie ciasta:

Składniki:

1 puszka brzoskwiń.
2 galaretki brzoskwiniowe lub pomarańczowe rozpuścić według przepisu na opakowaniu.

Biszkopt ciemny – połowa masy – ułożyć krążki rolady – połowa masy – brzoskwinie – zalać tężejącą galaretką.

Szczypta duchowej strawy

Kto ufa, ten pozwala działać wszechmocy Bożej.
M. Franciszka Lechner

PIERNIK BAKALIOWY

Wykonanie:

Margarynę utrzeć z cukrem pudrem na pulchną masę, dodając po jednym żółtku, miód, oliwę, mąkę zmieszaną z sodą i przyprawą, kwaśne mleko (lub śmietanę) i bakalie.

Z białek ubić sztywną pianę, połączyć z masą, lekko wymieszać, wlać do wąskiej podłużnej formy i piec ok. 40-45 min. w temp. 170-180°C.

Składniki:

1 kostka margaryny,
1 szklanka cukru pudru,
1/2 szklanki oliwy,
1/2 szklanki mleka kwaśnego lub kwaśnej śmietany,
1/4 szklanki miodu płynnego,
3 szklanki mąki pszennej,
1 łyżeczka sody,
4 jajka,
1 przyprawa do pierników,
bakalie.

KOLOROWE OCZY (str. 156)

Ciasto kakaowe

Składniki:

25 dag margaryny,
2 łyżki mleka,
3 łyżki kakao,
1 szklanka cukru,
1 i 1/2 szklanki mąki pszennej,
4 jajka,
2 płaskie łyżeczki proszku do pieczenia.

Wykonanie:

Margarynę, mleko, kakao i cukier zagotować i przestudzić. Następnie dodać mąkę, żółtka, proszek do pieczenia. Z białek ubić pianę i lekko wymieszać.

Ciasto kokosowe

Składniki:

4 białka,
15 dag cukru kryształu,
15 dag kokosu,
1 łyżka mąki ziemniaczanej,
1 łyżeczka płaska proszku do pieczenia.

Wykonanie:

Białka ubić z cukrem, dodać kokos, mąkę i proszek do pieczenia.

Na blaszkę kłaść ciasto kupkami, na przemian: kakaowe i kokosowe. Upiec. Po upieczeniu przekroić na 2 placki.

Biszkopt

Upiec cienki jasny biszkopt.

Krem

Składniki:

1/2 litra mleka,
1 cukier waniliowy,

Wykonanie:

Batony Jacka rozpuścić w odrobinie mleka. Z reszty mleka, cukru waniliowego, cukru kryształu, żółtek i mąki ugotować budyń i przestudzić. Masło utrzeć, dodając przestudzony budyń i przestudzone batony.

5 łyżek cukru kryształu,
4 żółtka,
2 łyżki mąki pszennej,
2 łyżki mąki ziemniaczanej,
3 batony „Jacek",
3 łyżki słodkiego mleka,
25 dag masła.

Przełożenie ciasta:

Ciasto kakaowo-kokosowe – krem – biszkopt – krem – ciasto kakaowo-kokosowe – polewa.

Szczypta duchowej strawy

Najwyższy Pan z nieba i ziemi zamieszkał wśród nas. Teraz mamy już wszystko!

M. Franciszka Lechner

PIERNIK RUMOWY

Składniki:

1 kostka masła,
1 kg mąki krupczatki,
1/2 kg miodu (sztucznego lub prawdziwego),
5 jajek,
3 dag sody oczyszczonej,
1 szklanka cukru kryształu,
1 cukier waniliowy,
3 łyżki przyprawy do piernika.

Składniki:

herbata,
1 kieliszek rumu,
1 kg powideł śliwkowych.

CIASTO

Wykonanie:

Masło roztopić z miodem, po przestudzeniu dodać całe jajka, cukier, cukier waniliowy, przyprawę i mąkę wymieszaną z sodą. Wszystko wymieszać, posypać mąką, włożyć do garnka i przykryć ściereczką, pozostawić w temperaturze pokojowej (lub na dolnej półce lodówki) przez okres 2-3 tygodni.

PONCZ

Wykonanie:

Przed przystąpieniem do pieczenia przygotować 2 szklanki ponczu z herbaty i rumu (może być spirytus lub wino), a do przekładania powidła.

PIECZENIE CIASTA:

Upiec 4-5 placków (w zależności od wielkości blach) w temp. ok. 160°C na ciemny kolor. Po wyjęciu z pieca wyłożyć na ściereczkę.

Po ostudzeniu skropić ponczem i przekładać na przemian masą i powidłami. Wierzch posmarować masą i posypać kokosem lub orzechami.

Masa

Wykonanie:

Z mleka, cukru, cukru waniliowego, mąki ugotować budyń. Masło utrzeć, dodając przestudzony budyń i spirytus.

Składniki:

3/4 litra mleka,
1 i 1/2 szklanki cukru kryształu,
2 łyżki mąki ziemniaczanej,
2 i 1/2 łyżki mąki tortowej,
1 cukier waniliowy,
2 kostki masła,
1/2 kieliszka spirytusu.

Szczypta duchowej strawy

Należy czynić wszystko, co do nas należy, a Pan Bóg przyjdzie z pomocą naszej dobrej woli.

M. Franciszka Lechner

SŁODKA SIÓDEMKA

Upiec biszkopt jasny z 5 jaj.

Ciasto makowe

Składniki:

15 dag maku,
15 dag cukru pudru,
4 jajka,
1 i 1/2 łyżki kaszy manny,
1 łyżka bułki tartej,
1 łyżeczka proszku do pieczenia,
1 cukier waniliowy,
1/2 płaskiej łyżeczki sody.

Wykonanie:

Mak sparzyć, zmielić, żółtka utrzeć z cukrem, dodać kaszę mannę, bułkę tartą, mak, proszek do pieczenia, sodę, cukier waniliowy. Na koniec pianę z białek. Wymieszać i upiec.

Ciasto kokosowe

Składniki:

5 białek,
10 dag cukru kryształu,
1 łyżeczka proszku do pieczenia,
1 łyżka bułki tartej,
10 dag kokosu.

Wykonanie:

Ubić pianę z białek, dodać cukier, bułkę tartą, proszek do pieczenia, kokos. Wymieszać i upiec.

Masa

Składniki:

2 kostki masła,
4 żółtka,
1 jajko,

Wykonanie:

Żółtka i jajko utrzeć z cukrem, cukrem waniliowym, mąką, wlać na gorące mleko, gotować, ciągle mieszając. Masło utrzeć, dodając przestudzony budyń. Brzoskwinie oddzielić od syropu i pokroić w większą kostkę.

8 łyżek cukru kryształu,
1 łyżka mąki ziemniaczanej,
1 łyżka mąki pszennej,
1 cukier waniliowy,
1/2 litra mleka,
1 puszka brzoskwiń.

Przełożenie ciasta:

Ciasto makowe podzielić wzdłuż na 7 części (paski). Biszkopt jasny posmarować cienko masą, ułożyć 4 paski makowe w równych odstępach, luki wypełnić masą i poutykać połową brzoskwiń. Pozostałe 3 paski nałożyć na masę, luki uzupełnić pozostałą częścią brzoskwiń i masą. Na całości rozsmarować resztę masy i przykryć plackiem kokosowym. Wierzch polać polewą.

Szczypta duchowej strawy

Pouczenie dane z miłości każdy przyjmuje chętnie.
M. Franciszka Lechner

PTASIE MLECZKO

Upiec cienki jasny biszkopt lub rozłożyć gotowe biszkopty na dnie brytfanki.

Składniki:

1 puszka mleka skondensowanego niesłodzonego,
3 galaretki różnego koloru.

Wykonanie:

2 galaretki oddzielnie rozpuścić w szklance wody i przestudzić.
Mleko rozlać do dwóch naczyń (po równo), jedną część mleka ubić na pianę i stopniowo dolewać zimną, ale nie zastygłą galaretkę, ciągle ubijając. Tak przygotowane – wylać na biszkopt.
Drugą połowę mleka połączyć z drugą galaretką, powtarzając czynność. Wylać na pierwszą.
Trzecią galaretkę rozpuścić według przepisu na opakowaniu. Zalać mleczko tężejącą galaretką.

MEDUZA (str. 165)

MEDUZA

Ciasto

Składniki:

2 szklanki mąki pszennej,
6 dużych jabłek,
1 i 1/2 szklanki cukru kryształu,
4 jajka,
1 szklanka siekanych orzechów,
1 łyżeczka proszku do pieczenia,
1 łyżeczka sody oczyszczonej.

Wykonanie:

Jabłka obrać, pokroić w kostkę i zasypać 1 szklanką cukru. Białka ubić, dodać resztę cukru, żółtka, pokrojone jabłka (z sokiem, który się wytworzy), mąkę, orzechy, proszek do pieczenia, sodę. Wymieszać i piec w średnio nagrzanym piekarniku.

Krem

Składniki:

3 żółtka,
3 łyżki cukru kryształu,
1 łyżka mąki ziemniaczanej,
1 puszka ananasów,
2 galaretki cytrynowe,
1 kostka masła.

Wykonanie:

Na soku z ananasów ugotować budyń z żółtek, cukru i mąki. Masło utrzeć, dodając przestudzony budyń.
Galaretki rozpuścić według przepisu na opakowaniu.

Przełożenie ciasta:

Ciasto – krem – rozłożyć ananasy – zalać tężejącą galaretką.
W środek ananasa można włożyć drylowaną wiśnię lub truskawkę.

BABKA UCIERANA

Składniki:

25 dag mąki pszennej,
25 dag cukru kryształu,
25 dag margaryny,
6 jajek,
sok z 1 cytryny,
1 mały proszek do pieczenia,
rodzynki,
1 łyżka kakao.

Wykonanie:

Margarynę utrzeć z cukrem, dodając żółtka, sok z cytryny, mąkę z proszkiem do pieczenia. Na końcu dodać rodzynki i ubitą pianę, lekko wymieszać. Ciasto przelać do foremki, trochę ciasta zostawić, dodać kakao i lekko wymieszać. Wylać na wierzch ciasta. Nakłuć widelcem. Ciasto piec ok. 50 min. w temp. 170-180°C. Po upieczeniu posypać cukrem pudrem.

WIEWIÓRKA (str. 167)

WIEWIÓRKA

Ciasto

Wykonanie:

Wszystkie składniki posiekać i zarobić ciasto, wyłożyć ciasto na blachę i wciskać połówki orzechów na całej jego powierzchni. Upiec.
Po przestudzeniu ciasto skropić z dwóch stron lekko schłodzoną kawą rozpuszczalną (ok. 3/4 szklanki).

Składniki:

50 dag mąki pszennej,
1 kostka margaryny,
3-4 żółtka,
1 jajko,
1 i 1/2 łyżeczki proszku do pieczenia,
1 cukier waniliowy,
15 dag cukru pudru,
połówki orzechów włoskich (ich ilość zależy od wielkości blaszki).

Masa

Wykonanie:

Jajka i cukier ubić na parze na sztywno. Masło utrzeć, dodawać stopniowo ubite i schłodzone jajka, suchą kawę cappuccino lub sok z cytryny (można dodać wódki). Masę podzielić na 2 części.

Składniki:

4 jajka,
cukier do smaku,
1 i 1/2 kostki masła,
kawa cappuccino lub cytryna,
2 suche wafle.

Przełożenie ciasta:

Wafel – masa – nasączone ciasto – masa – wafel.

DELICJA

Ciasto

Składniki:

50 dag mąki pszennej,
1 kostka margaryny,
1 szklanka cukru pudru,
1 jajko,
3 żółtka,
2 łyżeczki proszku do pieczenia,
1 cukier waniliowy.

Wykonanie:

Z podanych składników zarobić kruche ciasto i upiec 3 placki.

Masa serowa

Składniki:

50 dag sera zmielonego,
3 jajka,
20 dag cukru pudru,
20 dag masła,
1 budyń waniliowy lub śmietankowy,
1/2 szklanki mleka.

Wykonanie:

Żółtka utrzeć z masłem i cukrem, dodać ser i ubitą pianę. Wymieszać i gotować, ciągle mieszając. W mleku rozpuścić budyń, i wlewać do sera, cały czas mieszając, gotować aż zgęstnieje. Gorący ser nałożyć na placek i przykryć drugim plackiem.

Masa jabłkowa

Składniki:

1 kg jabłek,
1 łyżka masła,
1 galaretka (dowolny kolor).

Wykonanie:

Jabłka obrać i zetrzeć na tarce o grubych oczkach. Masło roztopić, dodać jabłka i smażyć. Do rozprażonych jabłek dodać suchą galaretkę i jeszcze przez chwilę smażyć. Przestudzoną masę jabłkową rozsmarować na cieście. Przykryć trzecim plackiem. Wierzch ciasta polać polewą.

PYSZNIAK

I Ciasto

Upiec biszkopt jasny z 6 jajek.

II Ciasto

Wykonanie:

Białka ubić na sztywno z cukrem, dodać kokos, mak, proszek do pieczenia i lekko wymieszać, wylać na blaszkę i upiec.

Składniki:

6 białek,
15 dag maku suchego,
15 dag kokosu,
15 dag cukru kryształu,
1 płaska łyżeczka proszku do pieczenia.

Krem

Wykonanie:

Połowę mleka zagotować, do drugiej dodać żółtka i jajko, cukier, mąkę. Roztrzepać, połączyć z gotującym mlekiem i zagotować. Masło utrzeć, dodać przestudzony budyń i sok z cytryny. Masę podzielić na 2 części.

Składniki:

1/2 litra mleka,
2 żółtka,
1 jajko,
1 łyżka mąki pszennej,
1 łyżka mąki ziemniaczanej,
4 łyżki cukru kryształu,
1 cukier waniliowy,
1 kostka masła,
1 cytryna,
herbatniki lub biszkopty (ilość zależna od wielkości blaszki),
wódka.

Przełożenie placka:

Biszkopt – połowa kremu – ciasto kokosowo-makowe – połowa kremu – herbatniki lub biszkopty nasączone wódką – na wierzch polewa.

PYSZNOTKA

Ciasto

Składniki:

20 dag margaryny,
20 dag cukru pudru,
40 dag mąki pszennej,
3 żółtka,
1-2 łyżki śmietany kwaśnej,
2 łyżeczki proszku do pieczenia.

Wykonanie:

Margarynę, mąkę posiekać z resztą składników, wyrobić ciasto i podzielić na 2 części. Upiec jedną część ciasta, na drugą część nakładać kupkami na przemian masę serową i masę makową. Upiec.

Masa makowa

Składniki:

20 dag maku sparzonego i zmielonego,
20 dag cukru kryształu,
2 jajka,
olejek migdałowy,
bakalie.

Wykonanie:

Żółtka utrzeć z cukrem, dodać mak, olejek, bakalie, na końcu pianę z białek.

Masa serowa

Składniki:

50 dag sera zmielonego,
10 dag masła,
25 dag cukru pudru,
5 jajek,
sok z 1/2 cytryny,
1 łyżeczka proszku do pieczenia,
5 dag rodzynek,
1 łyżka budyniu śmietankowego.

Wykonanie:

Masło utrzeć z cukrem i żółtkami. Dodać ser, sok z cytryny, proszek do pieczenia, budyń, rodzynki. Z białek ubić pianę. Połączyć.

Masa jabłkowa

Wykonanie:

Jabłka obrać, utrzeć na tarce o grubych oczkach. Masło roztopić, dodać jabłka, rozprażyć, na końcu dodać suchą galaretkę, wymieszać i chwilę smażyć.

Składniki:

1 lub 1 i 1/2 kg jabłek,
1 łyżka masła,
1 galaretka cytrynowa.

Przełożenie ciasta:

Na upieczony placek serowo-makowy nałożyć masę jabłkową – placek kruchy – polewa.

Szczypta duchowej strawy

W świętej samotności Boski Nauczyciel przemawia do nas szczególnie wyraźnie.

M. Franciszka Lechner

PLACEK Z DELICJAMI

Ciasto

Składniki:

1/2 kostki margaryny,
1 szklanka cukru kryształu,
1/2 szklanki wody,
3 łyżki kakao,
2 szklanki mąki pszennej,
6 jajek,
3 płaskie łyżeczki proszku do pieczenia.

Wykonanie:

Margarynę, cukier, wodę, kakao zagotować, po przestudzeniu dodać mąkę, żółtka, proszek do pieczenia, pianę z białek – lekko wymieszać. Ciasto wyłożyć na 2 blaszki.

Kule kokosowe

Składniki:

6 białek,
20 dag kokosu,
12 dag cukru kryształu,
odrobina proszku do pieczenia.

Wykonanie:

Białka ubić z cukrem, dodać kokos z proszkiem do pieczenia, lekko wymieszać i kłaść łyżką kupki kokosowe na ciemne ciasto. Upiec.

Masa

Składniki:

1 szklanka cukru kryształu,
1/2 litra mleka,
2 łyżki mąki pszennej,
2 łyżki mąki ziemniaczanej,
1 kostka masła,
4 żółtka,
1 łyżka kakao,
spirytus,
2 paczki delicji.

Wykonanie:

Z mleka, cukru, mąki ugotować budyń. Masło utrzeć, dodając przestudzony budyń oraz żółtka. Masę podzielić na 2 części. Do jednej dodać kakao i spirytus. Drugą zostawić białą.

Przełożenie placka:

Ciasto – masa biała – delicje – masa ciemna – ciasto – polewa.

MAZUREK CYGAŃSKI

Wykonanie:

Dno blaszki wyłożyć pergaminem. Na nim ułożyć warstwę wafli.
Żółtka utrzeć z cukrem, dodać orzechy, sparzone rodzynki, drobno pokrojoną skórkę pomarańczową i śliwki (wszystkie bakalie oprószyć mąką), mąkę z proszkiem do pieczenia. Z białek ubić pianę, połączyć i delikatnie wymieszać, wylać na wafle i zaraz włożyć do pieca. Upiec.

Składniki:

Suche wafle,
5 jajek,
12 dag cukru kryształu,
10 dag mąki pszennej,
10 dag orzechów drobno krojonych,
10 dag rodzynek,
10 dag skórki pomarańczowej,
5 dag suszonych śliwek bez pestek,
1 płaska łyżeczka proszku do pieczenia.

LUKIER

Wykonanie:

Utrzeć białko z cukrem, dodając sok z cytryny (jeśli jest za rzadkie, dodać cukier puder).
Zaraz po upieczeniu ciasto polać cienkim strumieniem lukru, tworząc ozdobną kratkę na powierzchni całego mazurka.

Składniki:

1 białko,
12 dag cukru pudru,
sok z 1 cytryny.

PLACEK ORZECHOWO-JABŁKOWY

Upiec dwa cienkie jasne biszkopty.

Składniki:

2 szklanki mąki pszennej,
4 jajka,
3 łyżki cukru kryształu,
1 szklanka krojonych orzechów,
1/2 szklanki cukru kryształu,
10 dag rodzynek,
1/2 szklanki oleju,
3 łyżki miodu,
1 łyżeczka sody oczyszczonej,
4 duże jabłka.

Ciasto

Wykonanie:

Jabłka obrać, pokroić w kostkę, zasypać 1/2 szklanki cukru, dodać olej, rodzynki, orzechy. Wymieszać i zostawić na 2 godz. Białka ubić z 3 łyżkami cukru, dodać 1 żółtko (pozostałe żółtka pozostawić do masy), miód, mąkę, sodę, masę jabłkową. Wszystko lekko wymieszać i upiec placek.

Składniki:

3 żółtka,
3 łyżki cukru kryształu,
1 szklanka mleka,
2 łyżki mąki ziemniaczanej,
2 łyżki mąki pszennej,
25 dag masła,
2 jogurty owocowe („Danone”).

Masa

Wykonanie:

Z mleka, cukru, żółtek, mąki ugotować budyń. Masło utrzeć, dodać przestudzony budyń, na końcu jogurty. Masę podzielić na 2 części.

Przełożenie placka:

Biszkopt – masa – ciasto ciemne – masa – biszkopt – polewa.

TORT KAKAOWO-ORZECHOWY

Placek kakaowy

Wykonanie:

Przygotować jak ciasto biszkoptowe, upiec w tortownicy. Po upieczeniu przekroić poziomo na dwa placki.

Składniki:

7 jajek,
1 szklanka cukru kryształu,
3 łyżki kakao,
5 łyżek mąki pszennej,
2 płaskie łyżeczki proszku do pieczenia.

Placek orzechowy

Wykonanie:

Przygotować jak ciasto biszkoptowe, upiec w tortownicy. Po upieczeniu przekroić poziomo na dwa placki.

Składniki:

5 jajek,
25 dag orzechów (po połowie: mielone i krojone),
20 dag cukru kryształu,
1 łyżka miodu,
1 łyżka mąki pszennej,
1 łyżeczka proszku do pieczenia.

Masa orzechowa

Wykonanie:

Mleko, cukier, cukier waniliowy, orzechy prażyć w garnku 10-15 min. Masło utrzeć, dodając stopniowo przestudzone orzechy.

Składniki:

1 szklanka mleka,
20 dag cukru pudru,
20 dag orzechów krojonych, w tym 1/2 szklanki mielonych,
1 cukier waniliowy,
2 kostki masła.

Przełożenie tortu:

Placki przekładać masą, wierzch oblać polewą i przybrać według gustu.

TORT WSPANIAŁY

Biszkopt kokosowy

Składniki:

6 białek,
1 szklanka cukru kryształu,
20 dag kokosu,
2 łyżki mąki ziemniaczanej,
1 płaska łyżeczka proszku do pieczenia.

Wykonanie:

Białka ubić z cukrem, dodać mąkę z proszkiem do pieczenia, kokos, lekko wymieszać i upiec w tortownicy.

Biszkopt makowy

Składniki:

1 szklanka cukru kryształu,
2 łyżki kakao,
2 łyżki kawy zmielonej,
1 łyżeczka proszku do pieczenia,
1 i 1/2 łyżki mąki pszennej,
1 szklanka sparzonego i zmielonego maku,
5 jajek.

Wykonanie:

Białka ubić z cukrem, dodać żółtka, kakao, kawę, mąkę z proszkiem do pieczenia, mak, delikatnie wymieszać i upiec w tortownicy.

Biszkopt orzechowy

Składniki:

4 jajka,
4 łyżki cukru kryształu,
15 dag orzechów mielonych,
3 łyżki mąki pszennej,
1/2 łyżeczki proszku do pieczenia.

Wykonanie:

Białka ubić z cukrem, dodać żółtka, mąkę z proszkiem do pieczenia, orzechy, lekko wymieszać i upiec w tortownicy.

Masa

Składniki:

1/2 litra mleka,
6 żółtek,
1 szklanka cukru kryształu,
1 budyń śmietankowy lub waniliowy,
1 i 1/2 kostki masła,
2 łyżki kakao,
sok z 1 cytryny.

Wykonanie:

Część mleka zagotować z cukrem, w reszcie mleka roztrzepać budyń z żółtkami. Na gotujące mleko wlać budyń z żółtkami i gotować, ciągle mieszając.
Masło utrzeć, dodając stopniowo przestudzony budyń. Masę podzielić na 2 części, do jednej dodać sok z cytryny, do drugiej kakao.

Składanie tortu:

Z każdego biszkoptu wykroić 3 krążki różnej wielkości.
I krążek makowy duży – orzechowy średni – kokosowy mały. Masa ciemna na brzegi, jasna na wierzch.
II krążek orzechowy duży – kokosowy średni – makowy mały. Masa jasna na brzegi, ciemna na wierzch.
III krążek kokosowy duży – makowy średni – orzechowy mały. Masa ciemna na brzegi, jasna na wierzch.
Całość oblać polewą i udekorować. Boki obsypać kokosem lub orzechami.

TORT BRZOSKWINIOWO-
-POMARAŃCZOWY

I BISZKOPT

Składniki:

5 jajek,
5 łyżek mąki pszennej,
5 łyżek cukru kryształu,
1 płaska łyżeczka proszku do pieczenia.

Wykonanie:

Białka ubić z cukrem, dodać żółtka, proszek do pieczenia z mąką i upiec.

II BISZKOPT

Składniki:

5 jajek,
2 łyżki kakao,
3 łyżki mąki pszennej,
3 łyżki cukru kryształu,
1 płaska łyżeczka proszku do pieczenia.

Wykonanie:

Jak I biszkopt.

MASA

Składniki:

2 szklanki mleka,
3/4 szklanki cukru kryształu,
2 łyżki mąki ziemniaczanej,
1 łyżka mąki pszennej,
3 żółtka,
2 kostki masła,
do koloru kakao.

Wykonanie:

Z mleka, cukru, żółtek, mąki ugotować budyń. Masło utrzeć, dodając przestudzony budyń. Masę podzielić na 2 części. Do jednej dodać kakao.

Masa serowa

Wykonanie:

Galaretkę rozpuścić w 1/2 szklanki wody. Serki połączyć z tężejącą galaretką.

Składniki:

2 serki homogenizowane owocowe,
1 galaretka (kolor zgodny z kolorem serków),
1/2 szklanki wody.

Przełożenie tortu:

Brzoskwinie pokroić w kostkę.
Pomarańcze obrać i podzielić na cząstki (ilość zależy od wielkości pomarańczy).
Galaretki rozpuścić według przepisu na opakowaniu.
Z winogron usunąć pestki.

Składniki:

1 puszka brzoskwiń,
pomarańcze,
2 galaretki pomarańczowe,
1/2 kg ciemnych winogron.

W ciemnym biszkopcie wyciąć kieliszkiem kółka. Na jasny biszkopt położyć masę kakaową, na to ciemny biszkopt z dziurami, które uzupełniamy pokrojonymi brzoskwiniami. Zalewamy masą serową. Masę serową przykrywamy ciemnymi kółkami, pomiędzy nie układamy ciemne winogrona bez pestek, masę białą, na niej cząstki pomarańczy i zalewamy galaretką.

Ciasto kruche

Składniki:

3 szklanki mąki pszennej,
20 dag margaryny,
20 dag cukru pudru,
1 łyżeczka proszku do pieczenia,
3-4 łyżki kwaśnej śmietany,
6 żółtek.

Wykonanie:

Mąkę posiekać z margaryną, dodać pozostałe składniki, zagnieść ciasto i podzielić na 2 części.

Masa jabłkowa

Składniki:

1 kg jabłek,
1 łyżka masła,
1 galaretka agrestowa.

Wykonanie:

Jabłka obrać, zetrzeć na tarce o grubych oczkach. Masło roztopić, dodać jabłka, rozprażyć, wsypać suchą galaretkę, wymieszać i chwilę smażyć.

Masa kokosowa

Składniki:

6 białek,
1 szklanka cukru kryształu,
20 dag kokosu,
1 łyżka mąki ziemniaczanej,
1/2 łyżeczki proszku do pieczenia.

Wykonanie:

Białka ubić z cukrem, dodać mąkę ziemniaczaną z proszkiem do pieczenia, kokos i lekko wymieszać.

Masa orzechowa

Wykonanie:

Białka ubić z cukrem, dodając resztę składników.

Składniki:

4 jajka,
12 dag mielonych orzechów,
3/4 szklanki cukru kryształu,
1 łyżka bułki tartej,
1 łyżka kakao,
1 łyżka mąki pszennej,
1 łyżeczka proszku do pieczenia.

Przełożenie ciasta:

Ciasto kruche – jabłka z galaretką – masa kokosowa – masa orzechowa – placek kruchy.
Ciasto piec w całości.

PAKOWANIEC

Ciasto

Składniki:

1/2 kg mąki pszennej,
1/2 szklanki cukru pudru,
25 dag margaryny,
4 żółtka,
2 jajka,
4 łyżki kwaśnej śmietany,
6 dag drożdży,
szczypta soli.

Wykonanie:

Drożdże rozkruszyć i rozmieszać ze śmietaną. Z reszty składników zarobić ciasto, (tak jak kruche), dodając rozpuszczone drożdże.
Ciasto na godzinę wstawić do lodówki.

Masa jabłkowa

Składniki:

1 kg jabłek,
1 łyżka masła,
1 galaretka agrestowa.

Wykonanie:

Jabłka obrać, zetrzeć na tarce o grubych oczkach. Masło rozgrzać, dodać jabłka, chwilę smażyć, dodać suchą galaretkę i jeszcze chwilę smażyć.

Masa makowa

Składniki:

30 dag maku,
2 białka,
15 dag masła,
1/2 szklanki cukru kryształu,
2 łyżki miodu (mogą być bakalie).

Wykonanie:

Mak sparzyć, zmielić, dodać masło, cukier, miód (bakalie), smażyć, na końcu dodać pianę z białek.

Masa orzechowa

Wykonanie:

Orzechy zmieszać z cukrem, dodać wrzące mleko i masło, chwilkę poddusić.

Składniki:

25 dag orzechów mielonych,
1/2 szklanki cukru,
1/2 szklanki mleka,
1 łyżka masła.

Przełożenie ciasta:

Ciasto podzielić na 4 części i każdą rozwałkować.

Ciasto – masa jabłkowa – ciasto – masa makowa – ciasto – masa orzechowa – ciasto.

Piec w całości. Po upieczeniu ciasto polukrować.

Szczypta duchowej strawy

Miłość mieszka w pokorze, a pokora w miłości.

M. Franciszka Lechner

ORZECHOWY Z WAFLEM

Ciasto

Składniki:

7 białek,
25 dag cukru kryształu,
20 dag orzechów zmielonych,
2 łyżki mąki pszennej,
1 i 1/2 łyżeczki proszku do pieczenia.

Wykonanie:

Wykonać ciasto biszkoptowe i upiec.

Masa

Składniki:

2 kostki masła,
20 dag orzechów mielonych,
1 szklanka mleka słodkiego,
1/2 szklanki cukru kryształu,
2 paczki biszkoptów (zależy od wielkości blaszki),
1 suchy wafel.

Wykonanie:

Mleko zagotować z cukrem, dodać orzechy – sparzyć. Masło utrzeć, dodając przestudzone orzechy.
Masę podzielić na 2 części.

Przełożenie ciasta:

Ciasto – masa – biszkopty – masa – wafel.

ORZECHOWY Z WAFLEM

CIASTECZKA

CIASTECZKA MAKOWE

Ciasto

Składniki:

40 dag mąki pszennej,
15 dag cukru pudru,
1 cukier waniliowy,
2-3 jajka,
15 dag masła,
1 łyżeczka proszku do pieczenia,
odrobina amoniaku.

Wykonanie:

Mąkę, masło, cukier, jajka, proszek do pieczenia, amoniak – posiekać i zagnieść ciasto (jeśli ciasto będzie się kleiło, wstawić na chwilę do lodówki). Ciasto rozwałkować cienko. Wyciąć kółeczka, każde kółeczko napełnić łyżeczką maku, zagiąć w trzech miejscach i powstanie „koniczynka". Piec ok. 12 min. w temp. 200°C. Po upieczeniu posypać cukrem pudrem.

Mak

Składniki:

12 dag zmielonego maku,
1/8 litra mleka,
5 dag skórki cytrynowej,
4 dag pokrojonych migdałów,
5 dag rodzynek,
cukier do smaku.

Wykonanie:

Mak i wszystkie składniki zalać gotującym mlekiem, wymieszać i odstawić do wystygnięcia.

Szczypta duchowej strawy

W prawym sumieniu mieszka prawdziwy pokój.

M. Franciszka Lechner

KRAJANKA

Wykonanie:

Masło utrzeć z cukrem, jajkami. Do puszystej masy dodawać na przemian mąkę z proszkiem do pieczenia, mleko, pod koniec letni miód. Wymieszać.
Ciasto wyłożyć na blaszkę i piec w średnio nagrzanym piekarniku.

Składniki:

10 dag masła,
2 jajka,
50 dag mąki pszennej,
1 szklanka cukru pudru,
1 szklanka mleka,
2 łyżeczki proszku do pieczenia,
4 łyżki miodu płynnego,
1 paczka herbatników lub kokosu.

Polewa

Wykonanie:

Wszystkie składniki polewy rozpuścić i gotować do uzyskania odpowiedniej gęstości.

Składniki:

25 dag margaryny,
1 łyżka kakao,
15 dag cukru kryształu,
1/4 szklanki mleka.

Ciasto pokroić na kawałki, oblać polewą i posypać pokruszonymi herbatnikami lub kokosem.

ROLADKI KOKOSOWE

Ciasto

Składniki:

15 dag cukru pudru,
20 dag zmielonych herbatników,
10 dag drobno zmielonych orzechów,
2 łyżki słodkiego mleka,
1 jajko,
kakao do koloru,
spirytus.

Wykonanie:

Wszystkie składniki wymieszać. Ciasto rozwałkować na dwa placki.

Nadzienie

Składniki:

10 dag masła,
10 dag cukru pudru,
6-8 dag kokosu,
odrobina spirytusu.

Wykonanie:

Masło utrzeć z cukrem, dodać kokos, spirytus. Nadzieniem posmarować rozwałkowane placki, zwinąć w rolady, zawinąć w folię spożywczą i włożyć do lodówki na jeden dzień do stwardnienia.
Przed podaniem pokroić.

Szczypta duchowej strawy

Wszystko z Bogiem – nic bez Boga!

M. Franciszka Lechner

ROLADKI Z GALARETKĄ

CIASTO

Wykonanie:

Z podanych składników zarobić ciasto, rozwałkować.

Składniki:

3 paczki zmielonych herbatników,
2 łyżki kakao,
2 łyżki masła,
5 dag cukru pudru,
2 łyżki dżemu,
kwaśne mleko (ile zabierze ciasto).

MASA

Wykonanie:

Galaretkę rozpuścić według przepisu i gdy stężeje, pokroić w kostkę. Masło utrzeć z cukrem pudrem, dodać kokos, sok z cytryny, kosteczki twardej galaretki. Masą posmarować ciasto, zwinąć w roladę, owinąć w folię spożywczą i włożyć do lodówki.
Przed podaniem pokroić.

Składniki:

10 dag masła,
10 dag cukru pudru,
10 dag kokosu,
sok z cytryny,
1 galaretka.

SZCZYPTA DUCHOWEJ STRAWY

Dobroć Boża jest niewyczerpana.

M. Franciszka Lechner

PAZURKI Z MAKIEM

Ciasto

Składniki:

1/2 kg mąki pszennej,
15 dag margaryny,
4 żółtka,
2 łyżki cukru kryształu,
1 cukier waniliowy,
1/2 szklanki słodkiego mleka,
4-5 dag drożdży,
szczypta soli.

Wykonanie:

Margarynę, żółtka, cukier waniliowy utrzeć. Do letniego mleka dodać cukier kryształ, drożdże i odrobinę mąki, rozmieszać.
Do mąki dodać sól, utarte żółtka z margarną, podrośnięte drożdże i wyrobić ręką ciasto (nie za długo) tak, aby nie było za twarde. Zostawić do wyrośnięcia.

Mak

Składniki:

25 dag maku,
4 białka,
olejek migdałowy,
bakalie (rodzynki, orzechy krojone, migdały),
3-4 łyżki miodu,
1 mała łyżeczka kakao,
sól i cukier do smaku,
10 dag margaryny.

Wykonanie:

Mak sparzyć, zmielić. Margarynę rozpuścić, dodać mak, olejek, miód, cukier, sól, białka, kakao, dobrze wymieszać, dodać bakalie (gdy mak jest za twardy, można dodać odrobinę mleka).
Ciasto rozwałkować, nakładać mak, zwijać jak na paszteciki, odciąć radełkiem rulon od reszty ciasta (ciasto układać łączeniem do spodu). Ciąć kawałki i każdy kawałek naciąć 3-4 razy w poprzek. Zostawić do wyrośnięcia. Po upieczeniu pazurki posypać cukrem pudrem lub polukrować.

AMONIACZKI

Wykonanie:

Wyrobić na stolnicy wszystkie składniki. Rozwałkować na 1/2 cm, wycinać ciasteczka, moczyć w roztrzepanym jajku, posypać cukrem kryształem. Piec na złoty kolor w temp. 150-200°C.

Składniki:

1 kg mąki pszennej,
4 jajka,
4 żółtka,
20 dag masła,
2 szklanki cukru pudru,
1/2 szklanki kwaśnej śmietany,
1 cukier waniliowy,
2 dag amoniaku.

PAZURKI Z MAKIEM (str. 190)

MASA DO WAFLI I

Składniki:

3 szklanki słodkiego mleka,
2 szklanki cukru kryształu,
1 szklanka kokosu lub mielonych orzechów,
1/2 kostki masła,
1 paczka wafli.

Wykonanie:

Mleko z cukrem gotować na wolnym ogniu, gdy zacznie gęstnieć, dodać kokos lub orzechy, wymieszać i przestudzić, do chłodnej masy dodać roztopione masło, wymieszać i smarować wafle.

MASA DO WAFLI II

Składniki:

1 paczka wafli (kwadratowe, grubsza kratka),
3 łyżki cukru kryształu,
10 dag kokosu,
1 kostka masła,
1/2 szklanki mleka,
1 mniejszy słoik marmolady,
1 galaretka,
1 paczka okrągłych biszkoptów.

Wykonanie:

Mleko zagotować z cukrem, dodać kokos i gotować 10 min., ciągle mieszając. Masło utrzeć, dodając przestudzony kokos. Masę podzielić na 2 części. Galaretkę rozpuścić według przepisu.

PRZEŁOŻENIE WAFLI:

Wafel – marmolada – wafel – masa – biszkopty – masa – tężejąca galaretka – wafel – marmolada – wafel.

MASA DO WAFLI III

Składniki:

1 paczka wafli (kwadratowe, grubsza kratka),
25 dag orzechów mielonych,
1 szklanka mleka,
3/4 szklanki cukru pudru,
1 kostka masła,
1 paczka biszkoptów okrągłych,
marmolada.

Wykonanie:

Mleko zagotować z cukrem, dodać orzechy, wymieszać. Masło utrzeć, dodając przestudzoną masę orzechową.

PRZEŁOŻENIE WAFLI:

Wafel – marmolada – wafel – masa – biszkopty – masa – wafel – marmolada – wafel.

CIASTKA Z KOKOSEM

Składniki:

1 kg mąki pszennej,
1/2 kg margaryny,
4 łyżki octu,
25 dag cukru pudru,
5 żółtek,
1 opakowanie proszku do pieczenia (na 1 kg mąki),
25 dag kokosu,
marmolada lub dżem.

Wykonanie:

Mąkę posiekać z margaryną, dodać żółtka roztrzepane z cukrem pudrem, ocet, proszek do pieczenia i zarobić ciasto.
Ciasto rozwałkować cienko, wykrawać foremką ciastka – jedno z dziurką, drugie całe (mogą być pary różnych foremek). Ciastka z dziurką zamoczyć w białku i kokosie. Ciastka piec na złoty kolor. Po upieczeniu przełożyć ciastka dżemem lub marmoladą.

CIASTKA DELICJE

Składniki:

30 dag mąki pszennej,
15 dag masła,
10 dag cukru pudru,
2 żółtka,
1-2 łyżki śmietany,
1 łyżeczka proszku do pieczenia,
1 słoik dżemu pomarańczowego lub morelowego.

Wykonanie:

Mąkę z masłem posiekać, dodać cukier, śmietanę i pozostałe składniki, zarobić ciasto i wstawić do lodówki na 1 godzinę. Ciasto cienko rozwałkować, małą szklaneczką wykrawać nieduże kółeczka. Piec w temperaturze 200°C na złoty kolor. Po upieczeniu, gdy ciastka przestygną, na środku każdego położyć pół łyżeczki dżemu, a wierzch polać polewą.

Polewa

Składniki:

1 czekolada,
1 łyżka mleka słodkiego.

Wykonanie:

Czekoladę pokruszyć, dodać mleko, lekko podgrzać, nie gotować.

WAFLE (str. 192)

PIERNICZKI CZESKIE

Wykonanie:

Z podanych składników zagnieść ciasto. Zostawić w lodówce na jeden dzień. Jeszcze raz wyrobić. Wycinać pierniczki. Przed pieczeniem posmarować żółtkiem, po upieczeniu polukrować.

Składniki:

80 dag mąki pszennej,
25 dag cukru kryształu,
4 jajka,
12 dag tłuszczu,
2 łyżeczki sody oczyszczonej,
4 łyżki płynnego miodu,
1 przyprawa do piernika.

CIASTECZKA MIODOWE

Wykonanie:

Margarynę i miód rozpuścić, przestudzić i połączyć z pozostałymi składnikami. Zagnieść ciasto, rozwałkować i wykrawać foremką ciastka. Upiec.

Składniki:

2 szklanki mąki pszennej,
1/2 szklanki cukru pudru,
1 i 1/2 łyżki miodu,
1 jajko,
5 dag margaryny,
1 łyżeczka sody oczyszczonej,
1 i 1/2 łyżki kwaśnej śmietany.

SZCZYPTA DUCHOWEJ STRAWY

W prawdziwej ufności znajdziemy pokój w życiu i przy śmierci.

M. Franciszka Lechner

CIASTECZKA KAKAOWE

CIASTO

Składniki:

30 dag mąki pszennej,
20 dag margaryny,
10 dag cukru pudru,
3 żółtka,
kakao do koloru,
2 łyżeczki proszku do pieczenia.

Wykonanie:

Mąkę i margarynę posiekać nożem, dodać resztę składników, zarobić ciasto. Ciasto rozwałkować, wykrawać jednakowe ciastka i upiec. Po upieczeniu przełożyć ciastka masą, wierzch polać polewą. Można posypać kokosem.

MASA

Składniki:

25 dag cukru pudru,
1 kostka masła lub margaryny,
25 dag mleka w proszku,
1 jajko,
olejek migdałowy.

Wykonanie:

Wszystkie składniki utrzeć.

POLEWA

Składniki:

3 łyżki margaryny,
3 łyżki cukru pudru,
3 łyżki kakao,
3 łyżki słodkiej śmietany.

Wykonanie:

Wszystkie składniki krótko zagotować.

OWOCE W CZEKOLADZIE

Składniki:

Suszone owoce (rodzynki, morele, figi, daktyle), 1 tabliczka czekolady, kokos lub zmielone orzechy.

Wykonanie:

Owoce dokładnie umyć i starannie odsączyć w ściereczce i papierowym ręczniku. W kąpieli wodnej rozpuścić czekoladę. Każdy owoc, nabity na wykałaczkę, moczyć w gorącej czekoladzie i obtoczyć starannie w kokosie lub zmielonych orzechach. Rozkładać do wystygnięcia.

Przechowywać w chłodnym miejscu.

SZCZYPTA DUCHOWEJ STRAWY

Roztropność nazywana jest cnotą świętych.

M. Franciszka Lechner

CIASTECZKA KRUCHE

Składniki:

1 kg mąki pszennej,
1/2 kg tłuszczu (po połowie masła i margaryny),
1 opakowanie proszku do pieczenia,
40 dag cukru kryształu,
6 żółtek,
1/2 szklanki kwaśnej śmietany.

Wykonanie:

Mąkę posiekać z tłuszczem, dodać resztę składników i zarobić ciasto. Ciasto rozwałkować, wykrawać foremką ciastka, posmarować roztrzepanym jajkiem, posypać cukrem kryształem i piec.

SMALCÓWKI

Składniki:

1/2 litra smalcu,
1/2 litra kwaśnej śmietany,
1 opakowanie proszku do pieczenia,
mąki tyle, ile zabierze ciasto,
twarda marmolada.

Wykonanie:

Ze wszystkich składników zarobić kruche ciasto. Ciasto rozwałkować, pokroić w kwadraciki, posmarować marmoladą, złożyć na pół po przeciwnym rogu na trójkąty i piec. Po upieczeniu polukrować lub posypać cukrem pudrem.

SZCZYPTA DUCHOWEJ STRAWY

Strzeżmy się małych wad, które są początkiem wielkich.

M. Franciszka Lechner

SPIS TREŚCI

CO NA OBIAD?

ZESTAW 1

ZESTAW 2

ZESTAW 3

ZESTAW 9

ZESTAW 10

CIASTA

CIASTECZKA

ALFABETYCZNY SPIS POTRAW I CIAST

POTRAWY

CIASTA

CIASTECZKA